『安邦武将』系列

XIAOYONG-SHANZHAN
ZHENGCHENGGONG

骁勇善战 郑成功

姜正成／编著

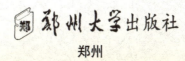

郑州大学出版社

郑州

图书在版编目（CIP）数据

骁勇善战——郑成功 / 姜正成编著 . —郑州：郑州
大学出版社，2018.1
（安邦武将）
ISBN 978-7-5645-4247-4

Ⅰ . ①骁… Ⅱ . ①姜… Ⅲ . ①郑成功（1624-1662）
- 传记 Ⅳ . ① K825.2

中国版本图书馆 CIP 数据核字（2017）第 078750 号

郑州大学出版社出版发行

郑州市大学路 40 号　　　　　　　　邮政编码：450052
出版人：张功员　　　　　　　　　　发行部电话：0371-66658405
全国新华书店经销
虎彩印艺股份有限公司印制
开本：710 mm×1 000 mm　1/16
印张：15
字数：201 千字
版次：2018 年 1 月第 1 版　　　　　印次：2018 年 1 月第 1 次印刷

书号：ISBN 978-7-5645-4247-4　定价：43.80 元
本书如有印装质量问题，请向本社调换

前 言

在中国历史的长河中，有着无数的英雄人物，他们为了保家卫国，为民请命，或为了民族大计而鞠躬尽瘁，死而后已。随着时间的推移和岁月的冲洗，无足轻重的人都已经被人们所遗忘，但是那些为中华民族的事业以及历史的进程做出过巨大贡献的人，不论何时都会被后世所敬仰，也都会流芳千古。而郑成功正是这群星璀璨的神勇武将中的一颗耀眼的明星，他的光辉业绩将会永远为后世所铭记！

在中国历史演进的过程中，有重文轻武的时期，也有尚武轻文的时期。俗话说，时势造英雄。不管历史处于哪个时期，都会有英雄应运而生。到了大明王朝后期，宦官专权，大臣之间结党营私，中饱私囊，朝政日益倾颓，百姓处在水深火热当中。此时的明王朝处在飘摇之中，内忧外患。外有满人入侵，内有农民起义。战火的迅速蔓延，让已经腐朽不堪的明王朝终于在一夜之间灭亡了。随后，流散的明朝皇室又不断地建立自己的政权，割据一方。就是在这样的一个动乱的年代，郑成功出生了，并且在母亲良好的早期教育中慢慢长大。随着时间的推移，天下的局势发生了很大的变化，而此时的郑成功也成长为一个文武双全的有志青年。在经历了母亲被杀，国家灭亡以及父亲投降清廷的一连串的打击之后，郑成功变得更加沉稳，并且坚决地走上了抗击清军的道路。

然而，在当时的情况下，要想凭借自己单薄的力量和已经日益强大的清军对抗，并非易事。于是，郑成功在接下来的时间里，招贤纳士，严明治军并且亲自操练军队。此时的郑成功身负着国仇家恨，与清军展开了较量。由于郑成功的军队士气异常高涨，在开始与清军的几次较量中，屡屡获胜。然而郑成功很快就被这种胜利冲昏了头脑，使得自己元气大伤，而抗清大计也显得更加渺茫了。为了保存最后的实力，以图生存和发展壮大，郑成功经过深思熟虑之后，决定进攻台湾。经过一段时间的筹备和部署之后，郑成功攻入台湾并且逐渐收复了整个台湾，赶走了荷兰殖民者，结束了台湾被外来殖民者统治长达38年的历史。收复台湾不仅使郑成功拥有了最后一个抗清阵地，同时也让他成为中华民族的大英雄。随后，他建立了郑氏政权，开始开垦台湾，发展台湾的经济，并且开展教育。经过不懈的努力，终于使台湾改变了过去的蒙昧和落后的状态，迎来新的气象。

也许是天妒英才，正当局势有所好转，郑氏集团内部的一些矛盾却使得他筋疲力尽，大志未申而身先死。有道是，"出师未捷身先死，长使英雄泪满襟"，一颗耀眼的明星就这样陨落了。此时的郑成功才39岁。尽管郑成功在台湾只停驻了14个月，但是他的伟大功绩将永远闪耀着光芒！

本书按时间顺序，以郑成功的成长历程和抗清的形势发展为基础，结合了很多郑成功的事迹，客观生动地讲述了神勇武将、民族英雄郑成功光辉传奇的一生。本书还借助了很多外国文献，更增强了可读性和客观性，以便读者更加全面地了解郑成功。相信本书的出版将会给喜爱历史和英雄人物的读者以满足，并且能够让你在品读的过程中增强自己的爱国情怀，而这也正是我们编写《骁勇善战——郑成功》一书的初衷！

第一章 乱世浮沉多坎坷　早岁已知世事艰

明末清初，朝廷日益倾颓，民不聊生。郑成功的父亲郑芝龙正是生活在这样的一个动乱年代。郑芝龙，小名一官，字日甲，号飞黄。在家里他排行老大，深受父亲的宠爱，但是父亲专制粗暴，这让他感到非常的压抑。由于他不好读书，行为放荡不羁，后来又触犯了太守，无奈之下，投奔了海盗。经过几年的闯荡，不仅成家而且还成为闽中之王。后来妻子田川惠子生下了儿子郑成功，当时名叫福松，母子在日本相依为命，生活非常艰苦。

第二章 郑家有子初长成　雄心壮志昭日月

郑芝龙成为闽中之王后，不断扩大自己的势力。他一方面想着经营自己的海上贸易，另一方面也想着早日和妻儿团聚。然而，他多次想接妻儿回国都遭到了拒绝，这让他感到非常的气愤。七年之后，郑成功终于回到了父亲的身边。回国后父亲为其改名为郑森。在这个优越的环境中，郑成功更加勤奋学习、练武，还未成年就已经文武双全了。崇祯自缢之后，郑氏拥立隆武帝，郑森受到隆武帝赏识，赐朱姓，名成功。也就是国姓爷。

第三章　父子离心失根基　终待残阳血染衣

郑成功受到隆武帝的赏识，并被授予要职，从这个时候起，郑成功就决心要抗击清军，捍卫明室。然而此时隆武政权实际上是郑芝龙当家。当清廷开始进攻的时候，郑成功虽一心抗清，但是父亲郑芝龙在暗地里和清廷通好，并处处阻挠郑成功的抗清斗争。隆武帝罹难后，郑芝龙携其他儿子和家眷投降清廷，而此时由于母亲田川惠子不愿投降而被清军杀害。经历这些之后，郑成功誓言报国仇家恨，从此走上了反清复明之路。

第四章　招贤纳士报家仇　壮言誓师抗清军

面对母亲被杀，国家被灭，再加上他的父亲郑芝龙又投降了清军并且成为人质，悲痛和仇恨充满了郑成功的内心。在这样的形势下，郑成功没有被击倒，随后，他就又一次勇举义旗，招揽贤才，以发展壮大自己的实力。因为他知道仅凭一人之力是难以成就大事的。在明朝的遗臣和天下的志士们都纷纷归附后，他又开始着手严明军纪，增强军队的战斗力。很快郑军就成为一支可以和清军抗衡的军队。此时，清廷开始实施诱降的计划，但是，郑成功早已看穿这些，清廷的诱降计划多次失败。

第五章　复国大计终难成　另谋大业进台湾

　　郑成功日夜操练军队，不断壮大自己的势力，以待有朝一日可以和清军决一死战，一来报国仇，二来报杀母之仇。清廷在实施诱降计划失败后，就开始不断的对郑军进行征剿。面对这样危急的局势，郑成功没有坐以待毙，而是主动进攻。郑军一路势如破竹，接连收复了数城。然而，郑成功很快就被胜利冲昏了头脑，犯了兵家大忌，在南京之战中受到重创，元气大伤。在随后的时间里，郑成功的处境一度非常的被动。郑成功深感复国大计难成，在严峻的形势下，他动了进军台湾的念头。

第六章　智勇双全终克敌　千秋伟业留青史

　　随着战事的发展和逼近，郑成功感觉到进军台湾已经迫在眉睫了。于是，他力排众议，并说服众将领决心攻台。随后，郑成功抓紧时间操练军队，做好一切部署和准备。很快，他们就按照当初的计划攻入台湾，随后慢慢地攻下了整个台湾。整个过程持续的时间很长，在进攻荷兰殖民者最后的阵地的时候，郑成功采取了进攻和持续围困的战略，并多次打退援军。最后，荷兰殖民者在无奈之下向郑成功投降。

而经过这一次的战役，郑成功不仅为抗清大计争取了最后的机会，同时也成为中华民族的英雄，为后人所敬仰。

第七章　屯垦宝岛功千秋　赢得生前身后名

郑成功虽然赶走了荷兰殖民者，收复了台湾，但是他面对的是一个破败和落后的台湾。当时为了抗清大计，为了求得生存，郑成功在和众将商议后决定，效仿古代的寓兵于农的战略思想，在台湾积极开展开垦荒地的运动。在这种战略思想的引导下，郑成功很快就改变了台湾的面貌，不仅解决了军队的粮食问题，还使得当地的人民能够安居乐业。不仅如此，郑成功还将先进的技术和教育等都引进了台湾。然而，在这个喜人的形势下，他却不幸病逝了。他的光辉业绩永远为世人牢记。

第一章

乱世浮沉多坎坷
早岁已知世事艰

明末清初，朝廷日益倾颓，民不聊生。郑成功的父亲郑芝龙正是生活在这样的一个动乱年代。郑芝龙，小名一官，字日甲，号飞黄。在家里他排行老大，深受父亲的宠爱，但是父亲专制粗暴，这让他感到非常的压抑。由于他不好读书，行为放荡不羁，后来又触犯了太守，无奈之下，投奔了海盗。经过几年的闯荡，不仅成家而且还成为闽中之王。后来妻子田川惠子生下了儿子郑成功，当时名叫福松，母子在日本相依为命，生活非常艰苦。

放荡不羁，郑芝龙惹祸闯江湖

郑成功是中华民族的英雄，他为中华民族的统一事业做出了巨大的贡献。要想更好地了解他的英雄事迹，就要从了解他的家族历史开始。

据考究，郑氏祖籍是在河南光州固始县，到唐朝熹宗光启年间，为了躲避战乱，最后迁到闽南的一个小山村里。这里地势好，风光明媚，依山濒海，是个殷富之乡。至此郑氏家族才渐渐兴旺发达起来，"树挪死，人挪活"的古训也在这里应验了。

郑氏真正发达起来的时候，是在郑成功的祖父时期。郑成功的祖父郑绍祖，有五个儿子。郑成功的父亲郑芝龙，小名一官，字日甲，号飞黄，17世纪的西方文献中称 Quon、quon、quam、Equan 等，即由一官音译而来，出生于福建省泉州府南安县石井村。其他四子分别是：芝虎，字恒山，号鸿逵；芝凤，字恒河，号达常；芝豹，字常山，号卧龙；芝彪，字常河，号河伯。五个儿子时称"五虎"。此"五虎"不含贬义，而是表示郑氏家族此时的兴盛。在这样的大家族中，郑成功一父多母，三妹四弟都是异母所生，兄弟姐妹八人，郑成功居长。郑氏家族虽有过读书之人，但没有人参加过科举考试。郑绍祖少时念过四书五经，由于他性格古怪，不思进取，早年辍学。后来，年长而立，经过许多挫折，才有幸跳进了"龙门"，进了泉州衙门，管理钱库业务。管钱是个肥差，他的家境日甚一日，很快殷富起来，置田买地，添屋建厝，山林蔼蔼，田畴俨然。郑氏家族从此如日东升，子孙岁享租谷，过着富裕的生活。

郑成功的祖父郑绍祖不仅是个生财有道、经营有谋的初通文墨之人，同时也是个有名的仲裁者。他"声如洪钟，威似虎豹"，村里人无不畏惧。邻里间发生纠纷，郑绍祖每居其间调停，充当仲裁者。如果有当事人不服，他就会吹胡子瞪眼，使一些生性倔强者也不敢再纠缠。否则，他便喝令此人登门道歉，方可了结。由于人们都害怕他的势力，所以，每当他出面的时候，他们都不敢再计较了。不仅如此，郑绍祖在家里也是个专制暴君，他说一不二，独断专行，对家人动辄怒斥，没有人敢顶嘴。他的五个儿子平时也只是唯唯诺诺，有时候连大声说话都不敢。但是，郑芝龙有所不同，虽然他也害怕父亲，但是，他深受父亲喜爱，尽管如此，他也是只敢在私底下说父亲的坏话。

随着时间的推移，郑芝龙慢慢地懂事了，但是，他却不好学习。郑芝龙从小就不服管教，生性顽劣，等到少年的时候，更加显得放荡不羁，整天一副游手好闲的样子，这让他的父亲感到很生气，但是也很无奈，因为在自己的影响下，几个儿子要么变得唯唯诺诺，没有胆量，要么就是变得比自己还要暴躁。后来，他的父亲觉得这样的儿子将来无法继承自己的家业，于是，郑芝龙就随父前去泉州府衙。其父携子之意，欲严加管教，督其念书，"穷年磨砺，旨在有成"。但是，父亲的一片苦心都是一厢情愿，郑芝龙无心向学，却有心玩耍，所以学业荒废，毫无成就。

　　尽管有人在督促他学习，但是，郑芝龙的心思却完全不在读书上。有一天，他偷偷地溜了出去。不知不觉中，他闯进了太守花园，并在里面溜达，误投石击中太守。太守受此惊吓，勃然大怒，急忙命人将他捉来问罪。太守一见是个倜傥少年，只斥责一番，就宽恕了他。有了这次侥幸逃脱，他更加放荡。其父拿他也没办法。芝龙幼年练武比习文更有天赋，也更感兴趣，一有闲暇便练习拳脚，舞枪弄棒甚是来神，练就了一身钢筋铁骨，非常有力气。人夸他能举千斤之鼎，敢赤手空拳与猛兽搏斗。再后来，郑芝龙脱颖而出，光彩照人，无人不夸："真好个英俊少年，将来必是天下翘楚之才！"他在众人的嘉许声中得意忘形了。郑芝龙虽然武艺高强，但是不懂文墨，并且从小就养成了纨绔子弟的做派。在他18岁那年，他又一次擅闯太守花园玩耍，窥视闺阁千金，见那貌若天仙的小姐，邪念顿起，遂蹁跹而至，动手动脚调戏起来。恰在这时被太守撞见，太守怒气横生，昔日一石之仇未报，今朝又戏弄其小女，是可忍，孰不可忍！于是，太守这次就将这宿仇新怨，一起给郑芝龙算上了，决定将他逐出泉州，并喝令其不许返回泉州来。这件事，不仅让郑芝龙醒地认识到自己的处境，并且也改变了他一生的轨迹。

　　郑芝龙生性刚烈，受到这样的处罚后，他不愿回家，不愿再回到那个让他感到很压抑的家。于是，他一气之下，就决定独自去闯荡江湖，投靠开赌坊的王阿哥。王阿哥，诨名王八仔。因其兄弟八人，他排行第八，就以八仔为名。八仔也是个游手好闲之徒，不务正业，专交社会上的"闲人"，广纳地方上的"好汉"，在道上是个人尖儿，比

乱世浮沉多坎坷　早岁已知世事艰

较会办事，后来，开了几年赌场，很快就声名鹊起，成了当地的一霸。此时的郑芝龙正走投无路，偶闻此人之名，不胜大喜，匆忙投奔而去。二人相见，臭味相投，一拍即合，此后，郑芝龙便当了王八仔的得力助手。郑芝龙在王家赌场打杂的三年中，受益匪浅，黑白二道，出尽风头，很快在当时的道上有了不错的名气。在这几年的相处中，王八仔通过观察，感觉到郑芝龙不是一般的人，认为他最讲江湖义气，为朋友两肋插刀一眼不眨。尤其认为他潜质好，是个不可多得的奇才，遂动了举荐之心。

郑芝龙塑像

有一天，王八仔眉开眼笑地对郑芝龙说："好兄弟，你在我家打杂三年，是我的得力助手，三年来立下了汗马功劳，愚兄感激不尽，但兄弟你却一无所获。倘若长此下去，真的会埋没了你这个人才，我于心不忍。俗话说，小庙里供不出大佛来。依我看，你前程似锦，将来的出路愚兄不敢言说。不是我奉承你，好兄弟，我劝你趁早龙游大海去吧。"

"此话怎么说？兄长莫非嫌我不中用，白吃了你家的饭食，想辞我不成？"郑芝龙非常意外地说。

"兄弟千万别误会，愚兄绝无此意！我是一番好心，是为了你的将来着想啊。"

"如果此话当真，就请兄长别操那份闲心了，我哪里也不去……"

"不可！万万不可！"王八仔急忙地打断郑芝龙的话说，"兄弟，你还年轻，不能把时间都耗费在这里了，你应该有长远打算，否则，丢了发迹的机会，一辈子休想出人头地。好兄弟，还是听我的劝告，你现在的年纪如红日三竿，而我已是夕阳西下之人，你岂能跟我鬼混在一起？误了你的锦绣前程就是为兄的罪过，那会让我受天谴的啊。"

听了王八仔的这一席话，郑芝龙好像突然醒悟过来了，回想这许多年来的生活和遭遇，他觉得，是时候为自己的将来做打算了，不能就这样荒废了青春。有了这样的想法，郑芝龙开始动摇起来，说："兄长如此谬爱小弟，竟视我为一条可以跳龙门的大鱼，要我下海闯荡，去拼搏一番，那也好，我就听兄长的；不过，送佛送上天，还须兄长扶上马，再护送我一程，那我就感激不尽了。"

看到郑芝龙有了这样的想法，王八仔豪爽地说："这是自然的，好兄弟，发迹后不要忘了愚兄啊！"

"岂敢！对兄长的厚爱，愚弟没齿不忘，若有发迹之日，定来报恩！"郑芝龙喜形于色，他一面说一面起身，走到王八仔面前，"扑通"一声，双膝跪地。

"兄弟之间何必行此大礼，快快请起，你折煞我也！"王八仔言毕，唤来仆人吩咐笔墨伺候，当面修书一封递与郑芝龙，又慷慨拿出了些银两作为川资，打发郑芝龙前往漳州投奔向天笑门下。向天笑是漳州大户，赫赫有名的社会贤达，素以助人为乐闻名于世，赢得社会上广泛赞誉。郑芝龙揣着书札，背上包裹，依依不舍地辞别王八仔，日夜兼程，赶往漳州，一路走访，终于找到了向天笑的家。在确认无误后，郑芝龙便走向向天笑家的大门，门童通报后，郑芝龙随之进了向宅。向天笑迎了出来，见了来人，觑起眼睛来瞧，宛如相面先生看相，把个郑芝龙看得不好意思之后，才拆信来阅，看完信后他寻思道："此人长相不凡，五岳端庄，非平庸之辈，前途无限，我这小庙又如何容得下这样的'大佛'？若是个忠厚老实之人，倒可留在家中做个帮手，而他偏偏是个浪子。俗话说，'浪子回头金不换'。话是这么说，晓得此人愿改否？虽然信中写得很不错，说他有许多常人所不及之长处，但这一类人往往大事做不来，小事不爱做，日后难以料理；而且此人曾经有过污迹，倘或留在家中惹得孩儿们学坏，岂不败坏了家风？到那时有何面目见人？若不收留他吧，又抹了好友王八仔的面子，好歹王八仔和自己是拜过把的兄弟，决不能教他人侧目讥笑！分明是面子上的事，还须慎重处之。"向天笑思忖了许久，觉得这件事让他进退两难。

向天笑如此反复思量之后，只好权且笑脸相迎，答应留郑芝龙在家中做客，但是却没有给他安排要做的活。就这样，郑芝龙整天在向宅里白吃白喝，也不干活。然而，生性刚烈的郑芝龙怎受得了这样的待遇。过了大约半个月，郑芝龙觉得十分无趣，不愿吃这一份闲食，便欲告辞，往别处去寻找出路。就在这时，向天笑忽然想出一个两全之策来。他吩咐家人拿了些银两，也学王八仔那样，亲书一札，对郑芝龙说："好兄弟，鄙人家当不大，时下也不缺人手；况且，庙小供不了大佛，足下有贵人之相，日后必成大器，发迹有期。我愿将池塘里的鱼放归大海，诚荐足下去澳门投奔李旦。此人是商界大亨，又是社会贤达。足下若得此人提携，必有出人头地之日！鄙人的意思，足下觉得如何？"

郑芝龙一想，既然这里没有发展的前途，那么，在这里待下去就没有意义了。于是，他接过书札和盘缠，叩谢向天笑后，径直走了。经历了这么多的波折，这次的离开反而让郑芝龙感到非常的平静。当他一个人走在路上的时候，他才发现，原来已经是秋天了。这么些年都是一个人在奔波，很久都没有欣赏这些景色了。秋天，一个火红烂漫的季节。然而，苍茫的暮霭里，时不时传来海边还没返航的号手吹着海螺的声音，人们听了有说不出的熨帖，但又多少有些凄凉。这几天，郑芝龙风尘仆仆地追赶着还有些燥热的海风，不停地向前行进。这位茕茕孑立的赶路人日暮而休，日出而奔。如此紧行三日，终于抵达澳门，郑芝龙如释重负地长吁了一口气，然后，去寻找李府。经过打听，他来到了李府门口，见了门人便道明来意。一个门人进去禀报。过了一会儿，门人转来，告诉郑芝龙："主人请你入内相见。"郑芝龙这才抖落一身尘埃，整了整衣冠，进去了。看罢向天笑的亲笔信，李旦知道郑芝龙是个不同凡响的人物，只因时运不济，才四处流浪。随后，李旦又打量来人的长相人品，觉得十分标致，当时就收留了他。

从此，郑芝龙时来运转，迅速地飞黄腾达起来。郑芝龙成为李府中的一员之后，出入如同家人一般。在李府期间，郑芝龙很快便得到李旦的赏识，大事小事李旦均少不了与郑芝龙商量一番后，方可放心去做，因而郑芝龙一跃成为李府的红人。李、郑二人彼此情投意合，心心相印。

正当郑芝龙在李府有所作为的时候，有一个机会降临了。这一天，李旦给二姨太做生日，吩咐家人安排筵席，广邀商界名流和社会贤达。其中有福建知名人士翁立皇。此人是赵公明下凡，生财之道四通八达，

乱世浮沉多坎坷 早岁已知世事艰

遍及天下，日本、马来西亚及南洋诸地皆有他的商行，赚了不少洋钱，富甲一方，无人可及。这天，翁立皇要来赴宴。李旦早就有心要把郑芝龙介绍给他认识。翁立皇与郑芝龙相见，二人大有相见恨晚之感，谈天说地甚是投机。李旦见他俩有缘，欣慰不已。此后，郑芝龙着意与翁立皇交往，翁、李两家，皆大欢喜。尤其李旦多得便利，常对人夸奖，自己没看错郑芝龙，此人确实有非凡的才干，助他家的生意日甚一日，再过几年，富甲天下指日可待云云。可惜好景不长，没过多久，李旦偶染伤寒，一病不起，名医延尽，良药服绝，但于事无补，不久就一命鸣呼了。想到对自己一直恩重如山并且相知的人就这样逝去了，郑芝龙非常痛苦，在办理后事的时候，他几天没有合眼，并且粒米未进，只几天的时间，就形容消瘦，憔悴非常。由于李旦无后，郑芝龙曾拜他为干爹。干爹已故，财产家当自然归他所有。郑芝龙顶起了李家的半边天，依照干爹的生财之道，继续发展。

自此，郑芝龙正式开始了他的海上生涯，多年闯江湖的坎坷，锻炼出了非常有眼光有胆量的他。之后，他的事业越来越快地发展起来，并且将生意做到了海外。

扶桑定情，无奈事起重返国

在郑芝龙继承李旦的产业之前，他就曾经到过日本。当李旦还健在的时候，有一次，有一批货物要用商船运往日本去经销，便委派 20 多岁的郑芝龙押运。他把事情办得很好，运去的白糖、麝香、沉香等贵重货物都如数卖出去了。

由于之前郑芝龙就和福建籍商人翁立皇有着很好的交情，所以，在后来每次出海去日本做生意的时候，他都住在翁立皇家。翁立皇娶了个日本女人为妻，便称田川翁立皇。此人在日本相当有财势，又善于笼络上司，当上了日本平户岛主，红极一时。田川翁立皇有个侄女，名唤田川惠子，从小父母双亡，由伯父田川翁立皇抚养成人。这位惠子姑娘长到 16 岁的时候，出落得如花似玉，而且秉性善良温顺，天资聪颖，非常讨人喜爱。不仅如此，她通晓中日文化，擅长武术且极富才华，在有些领域达到很高境界，堪称奇女。

随着郑芝龙到日本的次数越来越多，慢慢地田川惠子和她的伯父翁立皇，都看上了郑芝龙这个小伙子。后来，郑芝龙来日本做生意的时候，事事处处多亏惠子姑娘的悉心照料和竭诚帮助。郑芝龙如鱼得水，如虎添翼，生意愈做愈旺。郑芝龙声誉鹊起。郑芝龙也见田川惠子天生丽质，温柔多情，便与她彼此来往甚密。天长日久，二人产生了感情，并且情投意合。后来，他们终于结为夫妻。结婚后，他们非常相爱，而奔波多年的郑芝龙，此时也感觉到了生活的幸福。

这里来说说郑成功的母亲田川惠子。其实，郑成功的母亲田川惠子，也有中国人的血统。她的父亲是中国一位精于锻造的铁匠，为躲避战乱，被迫到了日本。到日本后，他为武士锻制刀剑，立稳脚后，与当地的一日本女子结婚，生下了田川惠子。由于女随母姓，所以叫田川惠子。田川惠子出生在一个并不富裕的家庭中，自小就饱受了生活的磨难，所以比一般的女孩更能够吃苦，也比其他的女子更加坚强。虽然她的父亲身为铁匠，但也是自幼饱读诗书，因屡考不中而弃文从匠。在对女儿的教育过程中，他严守中国人的教育方法，教她诗书礼仪，使田川惠子从小就明大理、识大义，成为众人夸赞的好女孩。当田川惠子父母双亡时，因为平时深受翁立皇的喜爱，便被接到翁家生活。在翁家她恪守孝道，做事得体，颇受众人夸赞。

郑芝龙当上了田川翁立皇的侄女婿，更是春风得意，而且如虎添翼。很快，他就稳稳地攀上了翁立皇这根高枝，人缘更好了，接触社会高层的人也越来越多，再加上他的经商能力，自然事业益发兴盛起来。很快，郑芝龙30岁的时候就成为富可敌国的商贾，还当上了华日贸易总会的首脑。这对曾经是一个落魄浪子的郑芝龙来说，真的是咸鱼大翻身。这也正应了王八仔说的那句话，郑芝龙终于鲤鱼跳龙门了。

在日本的平户，郑芝龙有一帮要好的朋友，一共28个人，大多是来自中国福建沿海的老乡，都是血气方刚的年轻人。他们到日本做生意，背井离乡，受人驱使，时常遭受一些不公平的待遇。为改变这种困难局面，这28人结拜为异姓兄弟，推举体魄雄健、武艺高强的颜思齐为老大，郑芝龙年纪最轻。他们结盟的真实意图是想发动武力暴动，在日本夺取地盘，称霸一方。

以颜思齐为首的28人，商议使用武力夺取长崎岛，他们定计在农历七月十五日举事。不料事前被人告密，日本当局派兵四处追捕他们。多亏田川翁立皇及时通风报信，才免遭劫难。郑芝龙为了活命，不得已抛下爱妻和儿子，与其他27个兄弟乘船于十五日逃离日本，经过8个昼夜的航行，到达中国台湾北港，也就是今台湾西南部。

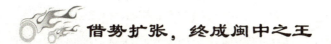

借势扩张，终成闽中之王

郑芝龙逃回国后，在台湾与高山族人民共同奋斗，开荒渔猎，把千百年沉睡的荒地变成良田。并且以此地为商埠，经常出没在金、厦、澳、港等一带沿海水域，继续经商，开拓海上营运。郑芝龙以台湾为基地，一面进行垦荒生产，一面组织船上的兵丁进行操练，在海上拦劫商船，官兵奈何他不得。由于郑芝龙集团纪律严明，郑芝龙为人重义气，讲信用，不吝惜钱财，颇得民心。沿海百姓大多为他通风报信，充当耳目，使其海上贸易进行得非常顺利。

时间过得非常快，一转眼三年过去了。在此期间，郑芝龙非常想念和担心留在日本的妻儿，多次派人去日本接田川惠子母子回国，然而，由于他过去在平户的所为，再加上他当时的实力还并不强大，所以这个要求屡遭日方无理阻挠。就这样，直到四年后，郑芝龙才将儿子大木（郑成功）接回国。

1625年，老大颜思齐因患疟疾去世。由于郑芝龙的出色表现，以及颜思齐生前对他的器重，所以，郑芝

位于安平桥中亭西侧碑林的第一块石碑《重修水心亭记》，为郑芝龙所撰书。

龙众望所归，最终如愿以偿，当上了华商总会的会长。由他主持料理颜思齐丧葬事宜，丧事办得很排场，由于颜思齐当时的巨大影响力，所以当时四方英雄，八方豪杰都前来参加丧礼。不仅如此，就连政界名流、商场翘楚也莫不前来吊唁。在丧礼现场，颜府内外那是水泄不通。据当时的一些记载说，颜思齐的丧事办得十分奢侈，备筵数百桌，甚是风光。时人赞道：宝鼎檀香燃，玉瓶鲜花艳。长江后浪推前浪。今人定比古人贤。水晶壶里，盛的是琼浆玉乳。琥珀杯内，溢出的是甘香清液。玳瑁盘上，叠着仙桃圣李。细瓷具中，盛满了熊掌猴头。

鲑鱼脍银丝缕缕，紫金壶沏的是香茗如泉。长袖马褂是贤达，高冠衣楚是名流，莫不虔诚叩首厝枢前。名流荟萃，贤达云集。高朋贵宾，盈千累万。灯火辉煌，爆竹喧天。馔肴满席，佳酿飘香。酒过数巡，划拳行令，觥筹交错，臻至高潮。众人面色莫不酡红，摇摇晃晃的，抱拳于胸的，纷纷向主人道别。各归其所，不在话下。

郑芝龙办完颜思齐的丧事后，就正式走马上任，在他当值期间，竟比颜思齐更有能耐，更善于经营和扩张自己的生意。商会势力不断壮大，很快就成为东南沿海的商业巨头，并且逐步将触角伸向高丽、琉球半岛、菲律宾、马来西亚、扶桑等地。自此郑芝龙以台湾为根据地，收购江南一带的珍奇异物，并贩卖到琉球、朝鲜、真腊、占城等地，由此推动了海峡两岸大规模的贸易活动。并且他还将运回来的珍稀尤物，珠宝奇货，贩至上海、北京、留都 (南京)、苏杭、港澳等地销售，然后，又带上土特产运往外洋。国人看不上眼的土货，而洋人却十分喜爱，因此这些土特产在国外的销售非常好，并且利润也非常高。在郑芝龙的这种经营方法下，商会的实力进一步扩大。而郑芝龙也知道，只有自己的实力足够大了，才能够尽快地将妻儿接回到身边来。

自立门户的郑芝龙，不断招兵买马，继续扩大势力。先后合并了当时台湾的其他汉人的武装力量，又从大陆招募人员到台湾，并从福建招揽来郑兴、郑明、杨耿、陈晖、郑彩等部将。他把部下分设为参谋、总监军、督运监守、左右谋士等官衔，进行有效管理，建立了初具规模的郑氏地方统治政权，成为当时闽海上最大的武装集团。然而，正当郑芝龙全力扩张势力、威名远扬的时候，明王朝对此却也高度重视起来。后来，由沿海官员上奏了朝廷，说郑芝龙的商会是海盗组织，

乱世浮沉多坎坷　早岁已知世事艰

严重损害了皇威，并且给国家的财政收入带来了很大的影响。然而，由于当时朝廷已经非常腐败，皇帝不分青红皂白，就视他为海盗，并且还降旨要加以剿灭，扬言靖清海道。然而，这么多年来的磨炼，已使得郑芝龙非常的勇敢，根本就没有害怕朝廷这样的威胁，朝廷的做法反而更加激起总会商人的不满和反抗。此时郑芝龙实力已经相当强大了，俗话说，有兵就是胆，此时的郑芝龙竟似当上了东海龙王，率领虾兵蟹将要与朝廷水师比个高低。

在第一次的大规模较量中，朝廷的水师被郑芝龙击溃，伤亡惨重，很多官兵落荒而逃，而且有的士兵投向郑芝龙。在接下来的时间里，朝廷又多次派兵征剿，然而，每次都是无功而返。郑芝龙的部队在多次的抗剿过程中，表现出了杰出的水上作战能力，声望越来越高。特别是两大战役之后，郑芝龙更是威震寰宇。这两次战役中的一次是对驻扎在金门的卢毓英作战。卢毓英原是名将戚继光手下的一员虎将，在清剿倭寇的时候，骁勇善战，杀敌无数，几经沙场，不曾败过，是地道的常胜将军。正是因为这些，他根本就没有把郑芝龙放在眼里。于是，他们轻敌冒进，欲一举歼敌。然而，好梦难圆，他们中了郑芝龙的埋伏，被一击而溃，连卢毓英本人也被郑芝龙活捉，最后只得低下高昂的头颅，做了俘虏。但郑芝龙不把他当俘虏看待，念其昔日剿倭有奇功，视为座上宾，还口口声声称其为剿寇英雄，礼貌有加，盛情款待还惶恐招待不周，歉然抚慰一番，然后释放还营。另一次与俞大猷的儿子俞咨皋交战，这又是一场龙虎斗。朝廷出动了金闽水师，当时这支水师也是心高气傲，仗着人多就咄咄逼人，并且由于这些将领都急于立功，所以急躁冒进，犯了很多的兵家大忌。郑芝龙看到朝廷水师来势汹汹，并没有感到畏惧，而是非常镇定。郑芝龙之所以能够做到临危不乱，一方面是他对自己的实力和朝廷的水师实力都非常清楚，可谓是知彼知己，并且早有防范，再者郑芝龙善于打心理战。虽然郑芝龙兵悍将勇，但总是先礼后兵，赢得众人同情，将士士气自然高昂。当战斗打响后，郑芝龙亲临前线指挥。他是个不畏强暴的人，越是面临强敌，越能沉着勇敢、机智顽强。结果，俞咨皋大败，金闽水师受到重创，在短时间里很难再出战了。这几场大战下来，郑芝龙给明王朝以沉重的打击，震惊朝野。一时间，朝廷上下无人再敢提征剿之事。

　　这两次战役下来，明朝廷开始不敢小觑郑芝龙，明朝大小官员莫不认为郑芝龙是个不可多得的将才。与这样的将才硬拼，朝廷还真的拿他没办法，于是假惺惺地派熊文灿前去劝降。其实郑芝龙也早有归顺朝廷的想法，他尽管拥有雄厚的财力，也有相当的军事实力，但在政治上始终没有地位，在世俗和官府的眼中，他只不过是一个海盗头子。他认为只有去朝廷做官才是归宿，才能光宗耀祖，才能赢得天下人敬仰。郑芝龙曾私下派心腹部将对明军的将领们说："苟得一爵相加，当为朝廷效死力。东南半壁可高枕矣。"崇祯元年（1628年）八月，在泉州知府王猷的建议下，福建巡抚熊文灿派卢毓英对郑芝龙进行招抚，郑芝龙在平服内部的反对势力后，随即向明廷投降。朝廷封了他一个"游击将军"的空头衔。于是，郑芝龙离开了多年经营的海上贸易根据地台湾，转而坐镇东南沿海一带，这时他已有部众数万、船只千余。后来，郑芝龙方才明白了朝廷的用心，但事已至此，身不由己了，也就来了个将计就计。于是，他打着"游击将军"的旗号，据守台湾海峡，霸占一方水域，对来往的商船勒令其纳税。当时，清军日益强大起来，不断向南推进。明朝自身难保，岌岌可危。郑芝龙趁此

乱世浮沉多坎坷　早岁已知世事艰

国势大乱的时机，大禁海运，并加强了对海运的管理，凡没有郑芝龙旗号的船只一律不允通航，郑芝龙一手控制了海上贸易和营运。这样一来，所有过往船只不论是什么性质的，一律必须办证，并规定每只船年抽税二百两纹银。仅凭此一项收入，就富可敌国。

郑芝龙的财富究竟有多少，无法计算。他见家道兴旺，便大兴土木，建起了"龙宫"，当时人称之为"海城"。从这个称谓看来，足见郑府的规模大得惊人。曾有诗这样写道：

> 巍峨宏丽胜皇宫。
>
> 镶银砌玉琼楼中。
>
> 万方捧来海中术，
>
> 百世英雄郑芝龙！

这里的"海城"是一座水上建筑，水道直通马江，水陆畅通无阻。这里是指挥海上运营、贸易的中心，也是指挥海军的重地，更是郑氏家族崛起南疆的标志性建筑。

有了这么多的钱财，郑芝龙也没有让它闲着，他以政府名义扩大队伍，消灭了在东南沿海与他势均力敌的大海盗李魁奇，打败了杨六、杨七、刘香等几股海盗。这样，就吞并了海上贸易的竞争对手。郑芝龙对荷兰侵略者也进行了英勇而巧妙的斗争，得到了明政府的嘉奖，更扩大了自己的威望。很快便拥有一支庞大的水师这支军队远远超过了明朝的水师实力。据云他的水师舳舻千里，人数逾万。及至明崇祯三年，国难更重，天不佑人，不是干旱便是水涝。天灾加上人祸，使百姓走投无路，苦不堪言。福建总兵熊文灿，对乱糟糟的时局无力施治，出面请郑芝龙帮助。郑芝龙乐于做善事，把数以万计的灾民用船运往台湾，每人发给半年生活费，三户发给一头牛，自带农具，勉励灾民开垦自救。这一举措深得百姓拥护，灾民很快行动起来，在台湾各地垦田造房，开路修渠，勤耕细作，初得温饱。年岁好的时候，仓中有贮粮还不忘纳税给郑芝龙。郑芝龙经营台湾便从此时开始。在台湾历史上，郑芝龙是组织大规模移民的第一人。对灾民们来说，郑芝龙的行为功德无量；对明朝政府来说，郑芝龙替朝廷排忧解难，表现出了忠心；对郑芝龙个人来说，当然是财源滚滚，名利双收。

明崇祯六年（1633 年）7 月 13 日，荷兰人为迫使明朝开放贸易，对大陆沿海地区发动突袭，击毁了大量明军船只，其中也包括郑氏的船只，这让郑芝龙十分震怒。随后，他以火船冲击荷兰巨舰，烧柞木船对付高大夹板船。通过两次大规模海战，使荷兰侵略者再也不敢像以前那样猖狂侵犯东南沿海了。

崇祯六年（1633 年）10 月 22 日，郑芝龙会同闽、粤两省水师进行反击，在金门料罗湾大败荷兰人，焚毁了四艘大型的荷兰大夹船，缴获了一艘，烧死、生擒大批荷兰人，这是数十年间明王朝在海上从未有过的大胜利。不久，郑芝龙再次于福建湄州湾打败前来骚扰的荷兰人，焚毁多艘荷兰船舰。荷兰入侵者从此在福建境内绝迹。因战功显著，郑芝龙升任福建总兵，同时也取得了东南沿海的制海权，合法地掌控了东西洋贸易运作，连荷兰殖民者也被迫与郑芝龙修好，表示今后不再强行前往福建进行贸易，改由郑芝龙派船到台湾进行贸易。至此，郑芝龙一统东南海面，成为名副其实"闽海王"，在这片海域上，再也没有什么力量能与他抗衡了。郑芝龙由最初的一个无名小卒到最后成为闽中之王，仅仅用了 26 年的时间。这些巨大的成就也为后来郑成功的发展打下了坚实的基础。

乱世浮沉多坎坷　早岁已知世事艰

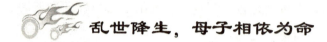

乱世降生，母子相依为命

话说郑芝龙由于在日本起事泄密后，就连夜逃走了，留下了妻儿在日本平户。那个时候，他的妻子已经快要生了。于是，在郑芝龙回国后没过不久，就是在明熹宗天启四年（1624 年），也恰好是荷兰侵占中国台湾这一年。农历的七月十四日，在日本平户河内浦千里滨，他的妻子田川惠子便生下一男婴，这就是后来的郑成功，由于当时郑芝龙没在，于是，田川惠子就将孩子取名为福松，这是个日本名字。

据清人江日升著《台湾外志》记载，关于郑成功的降生，有以下几种说法。一种说法是：在 1624 年 8 月 27 日这一天，田川惠子大腹便便，正在海滩上散步。她蹲下身来，拾取沙滩上可爱的贝壳。这时候，天上突然乌云密布，大雨倾盆，平静的海面上白浪翻腾。她忽然感到肚子一阵阵剧烈疼痛。在这个紧急时刻，她知道自己马上就要生了。但是由于腹痛难忍，再加上她行走不便，很难在短时间内走出沙滩，于是，她就只好缓慢地倚在一块巨石旁边坐下。天上不时还打着雷，在这样的环境下，孩子很快就降生了，于是被起名叫福松，也就是后来的郑成功。

而田惠子氏生下孩子的地方的这块巨石也因郑成功的出名而出名，后被人们称为"儿诞石"。现在，石头仍在千里滨海滩，高80厘米，周围长约3米，石上刻着"郑延平郡王庆诞芳址"九个字，成为当地的名胜古迹，涨潮的时候，石块没入波浪之中，仅露出尖端。到现在，在千里滨东侧还有块碑文，全文约1500字，记录着田川惠子生郑成功之事，以及郑成功一生的丰功伟绩。

另外一种说法是：在17世纪初，千里滨青松翠绿，白沙千里，尽管离繁华的市街很近，却是一个闹中取静，风景优美的海滨。当年夏天的一个晚上，怀有身孕的田川惠子觉得肚子痛，渐入昏迷状态。梦见海上波浪滔天，海涛中有一条大鱼出没翻腾。她同众人正在观看的时候，那条大鱼跳跃扬威，直冲其怀。她惊得醒来，即分娩一男孩。这个男孩就是郑成功。这一天是明朝天启四年七月十四日（公元1624年8月27日）夜子时。

其实，民间对于郑成功诞生的传说还有许多，虽然这些传说很多都没有什么历史根据，也没有可考性，但是，从这些传说中，我们却可以看到，在人们的心目中，郑成功的形象是多么神秘和高大。其中最有趣的是：传说宋朝的大学者朱熹观察过地气，预言福建南安会出一个杰出的人物，因此就在南安的石头上题了"海上视师"四个大字。大概是预测此地有巡视水上军队的将领所在。后来，这儿果然出了个郑成功，他的祖先早就定居在福建南安石井乡。这或许正应了那句话，世上无巧不成书。

其实，现在看来，我们都明白，郑成功能够成为一代民族英雄，并不在于什么先天的预测，而是当时国内外斗争形势所造就的。他的

乱世浮沉多坎坷　早岁已知世事艰

爱国主义精神和英雄业绩，顺应了历史发展的潮流，可谓"时势造英雄"。传说只不过反映了人们对他的崇敬和对救国救民的英雄的良好的祈望，同时也是表达了人们对他的敬仰之情。

　　时间过得非常快，转眼间，这个小男孩就三岁了，而此时，郑芝龙离开日本也有三年了。在这三年里，郑芝龙无时无刻不想着自己的妻儿。而在日本生活的田川惠子更是盼望着能够早日和丈夫团聚。在此期间，郑芝龙三番五次派人去日本接田川惠子母子回国，却屡遭日方无理阻挠。

　　郑芝龙回到中国后，郑成功和母亲在日本的家中寂寞而烦闷地过了一年。有一天，田川惠子刚为儿子刚过完周岁生日，就看见门外有人影晃动。随后脚步声就越来越近。就在这个时候，走进来一个日本人。此人一来，便开门见山地说："套用一句中国话说，你不会嫌我来做说客吧？"说完他定定地凝视着她。这个人猴腮鼠眼，怪模怪样的，田川惠子看了他一眼，心想这个人一定是不怀好意，于是就提高了警惕。

　　田川惠子一面做手中的活儿，一面说："不知此话是何意？"说完这句就不再与他搭讪。那人又开口了："我的意思，你应该明白：你美丽年轻，善良温顺，为何不找个男人好好过日子？"

　　田川惠子听了他的话，平静地说："先生之言差矣，我是有夫之人，岂能重嫁？"

　　那人立马抢过话说："你说得不对，话不是这么说！我知道郑芝龙在回国途中遇难了，无论如何也做不了你的丈夫。"

　　田川惠子说："先生别来编故事骗我，我敢断言，我的丈夫绝对没有遇难，因为昨天，我收到了他托人捎来的亲笔信，说他安全返回了中国，而且活得很好!"

这个日本男人眼看自己的谎言被戳穿了，但是还不死心，又说："即使如此，郑芝龙也永远来不了日本，你何必为他守寡呢? 他在中国有三妻四妾，早把你忘得一干二净了，你何苦为他守节? 这不是聪明人做傻事吗? 我来是想告诉你，我有个可靠的朋友，人品极好，正和你匹配。他叫田中一郎，是个不大不小的官员，为人正派，跟了他包你有享不尽的荣华富贵。这样的好事正等着你，只要你说声同意，他就派花轿来把你和你的宝贝儿子一起接过去。"

田川惠子听完，深深地吸了一口气，用压低了的、恶狠狠的声调说："我是读过中国《烈女传》的女人，请先生打消这个怪念头!"这几句话所展露的气势是如此凌厉，就像利箭猝然出弓，刺得满屋的空气"嗤嗤"作响。那人显然吓住了，本来还想说些什么，却痴痴地看着她。屋内的气氛顿时紧张了起来。瞧着这种情形，田川惠子有一点紧张，也有一点愤然地说："先生还愣着干什么? 请你快走，永远不要再来!"

那个男人看到田川惠子这样坚决，极不情愿地走了。田川惠子带着刚满周岁的儿子，度日如年。往后的日子，孤儿寡母的如何过? 何日是尽头? 这些她都细细想过了。尽管孤身的青春日子难熬，但她始终心中有分寸。她坚信好日子不会太远，她一定会和丈夫重聚的。

郑成功的外公本来也是中国人，定居日本后，娶当地一女子为妻，以向日本武士出售刀具为生，由于当时的生产能力低下，还不能靠这个行业发家致富。但这个差事也足以谋生，不过不能有太多的积蓄来接济女儿一家。郑成功的母亲田川惠子是一个勤劳善良的女人，在忙碌一天之后有时还回家看望自己的父母，有时也帮他们做些力所能及

乱世浮沉多坎坷 早岁已知世事艰

的杂活。7 岁之前的郑成功一直与母亲居住在日本。在后来的时间里，他们母子相依为命。在郑芝龙刚离开日本时，并不能完全负担家里的生活开支，所以他们母子的生活不是十分宽裕，郑成功从小学会了过简朴的生活，从来都不向母亲提出超出家里经济条件的要求，母亲田川惠子看到儿子这么懂事，心里也感到非常的欣慰。

当时由于他们比较贫穷，也没有族人的照顾，所以在村里郑成功常受别人的欺负。看到这些郑成功很气愤，他问妈妈这是为什么，田惠子氏告诉他："因为我们家穷，又没有你父亲在家撑腰，所以我们家就比较弱了；又因为你父亲是反对政府而被迫离家的，人们就更有理由欺负我们了。等你长大了，成才了，就没有人敢欺负我们了。"这些都给当时的郑成功的内心留下了深刻的记忆。

其实，田川惠子在与郑芝龙认识的时候就已经看出来郑芝龙不是一个安分守己的人。尽管如此，她依然深爱着他。而现在，她有了自己的儿子，并且看出儿子和他的父亲一样，都很聪明，她也知道通过好的教育，儿子完全可以成才。

郑成功在日本生活的这几年里，一直都是母亲在亲自教育他。在郑成功眼里，田川惠子既是母亲又是老师，平时母亲授文又教武，传道更引路。在这段岁月里，田川惠子母子俩生活得非常充实。光阴荏苒，郑大木（郑成功）如树木一样，茁壮地成长起来。他虽年幼，却很懂事，也很争气，从不伤害母亲的感情。白天苦读书，晚上勤练武。她十分钟爱自己的儿子，但又严格教诲，从不姑息迁就。从郑成功 5 岁时起，田川惠子就让他学习剑道、书道，使他受到良好的启蒙教育。当郑成功 6 岁时，田川惠子对他说有许多中国人都会武功，而且中国人的文学修养也都很高。她还告诉郑成功，一个人长大要想有出息，

必须从小就开始努力学习，积累知识，拓宽视野，只有这样才能为未来成就一番伟业打下坚实的知识基础。古往今来，那些建功立业的大人物，都是从小就努力学习的结果。母亲这些话深深震撼了郑成功那幼小的心灵。母亲的教诲使得在贫困中生活的郑成功更具有生活的信心。由于田川惠子通晓中国文字，便教授给他《百家姓》《三字经》等基础知识。郑成功天资聪颖，加之母亲教子有方，很快就掌握了许多基础性的知识。母亲常给他讲启发他善心、爱心和远大志向的故事，使郑成功很早就知道了文天祥、戚继光等英雄人物。直到后来他在疆场上征战时还时时回想起母亲的教导，他说母亲的教导对他来说终身受益。

两三年以后，郑成功便长成一个聪明好学的英俊少年了。不仅如此，为了让孩子更好地成长，田川惠子每天晚上睡觉之前都会给郑成功讲故事，鼓励他发愤图强，舍己为人，伸张正义，忠于祖国等。而有一次，郑成功看见几个小孩在围攻一个小孩，他冲上去把他们分开，并斥责那几个小孩不该欺负人。那几个小孩不服气，要与他打架，都被郑成功给打倒了。那些小孩哭着骂郑成功是没有父亲的人，也不是日本人，叫他快点滚回中国。郑成功听了非常伤心，决心一定要回到中国、找到父亲。从田川惠子口中，郑成功对父亲有了大概的了解，更加想早日见到父亲。

可以说郑成功后来的许多美好的品质是受母亲的故事里的主人公的影响。许多英雄的形象从小就在他幼小的心灵里产生了巨大的影响。而郑成功也是一个很爱想象的孩子。有一天晚上，郑成功若有所思地问母亲，他以后是否能够做大事。听到孩子这样的问题，母亲田川惠子感觉非常高兴，她知道这个时候一定要鼓励孩子勇敢做事情。于是，

乱世浮沉多坎坷　早岁已知世事艰

她就对孩子说："当然能，你长大不仅能做大事，还能当大官呢!"郑成功听到母亲的这番话后，心里非常高兴，而且对自己充满了信心。

在郑成功上学之前，他的母亲田川惠子在家教他学习中国的文字，还给他讲中国的许多历史故事，讲中国的风景山水，这使郑成功在幼小的时候就向往美丽可爱的祖国和故乡。在日本平户地区，如今还有让许多人津津乐道的一个故事：郑成功5岁的时候，跟许多小伙伴们一起在路边玩，过了一会儿他们发现沿着乡间土路上跑来了几匹受惊的马，其他的小伙伴都吓得不知如何是好，有的人哭了起来，有的人吓得一动不动，郑成功则拿着大人给他做的玩具刀，像一个大人一样向那几匹受惊的马走去，就在马要接近他的时候。他把那柄锃亮的刀往头上一举，高喊一声，把刀向马抛去。那几匹马看见一个刺眼的东西飞来，便掉过头来向其他的方向跑去，所有小伙伴都没有被受惊的马吓坏。后来，许多小孩子都愿意和他一起玩儿。在童年时代，郑成功显现出的聪明和勇敢，对他成年后创立一番伟业起了很大的作用。

田川惠子不仅注意提高郑成功的学识，更注重教导郑成功做人的道理，并且在生活中磨炼他的意志。虽然当时郑成功还小，但是母亲给他讲的这些，都深深地刻在了他的心里，并且对他以后的人生产生了重大的影响。

第二章

郑家有子初长成
雄心壮志昭月明

郑芝龙成为闽中之王后，不断扩大自己的势力。他一方面想着经营自己的海上贸易，另一方面也想着早日和妻儿团聚。然而，他多次想接妻儿回国都遭到了拒绝，这让他感到非常的气愤。七年之后，郑成功终于回到了父亲的身边。回国后父亲为其改名为郑森。在这个优越的环境中，郑成功更加勤奋学习、练武，还未成年就已经文武双全了。崇祯自缢之后，郑氏拥立隆武帝，郑森受到隆武帝赏识，赐朱姓，名成功。也就是国姓爷。

福松回国，父亲为改其名

时光飞逝，一转眼 7 年过去了。在这 7 年当中，母亲田川惠子的教导使得福松（郑成功）越来越期望着回到中国。为了激发他的爱国和忠国情怀，母亲田川惠子经常领着他到海边捡拾贝壳、游玩。大海的波涛，不时冲击着她思念远方亲人的心，她知道她日夜思念的人就在海的那边。每次到海边，她都会很兴奋地拉着儿子的手并指给他说："福松，看，大海的那边就是中国，你的父亲就在那里。"

虽然母子相依为命的日子过得非常辛苦，但是母亲田川惠子总是尽自己所能精心抚育儿子。在母亲的悉心关怀下，福松虽然还小，但是已经能够显示出一些气概来。仔细打量就会发现，福松眉宇舒展，聪明伶俐，并且很懂得礼仪，这些让他赢得了周围人的一致好评。为了让福松以后有一个更好的前途和未来，母亲省吃俭用，不仅亲自教他日语和汉语，并且还为他拜请了剑道老师，每日教他练习拳剑。在母亲田川惠子的眼里，一直是想把自己的儿子教育成一个文武双全的人。这不仅仅是她自己在经历了苦难之后的决定，更是她渴望与丈夫团聚的动力。此时的福松，在母亲的教导下，也大有长进。几年的异国贫苦生活，使郑成功比同龄的孩子成熟得早，懂事得多，这为他少年上进打下了基础。

母亲田川惠子精心教育着儿子，同时也非常渴望和郑芝龙相聚。而此时的郑芝龙，虽然现在的生意已经如日中天，但是他始终没有忘记远在日本平户的爱妻和爱子。在逃离日本后的几年中，他也曾偷偷地去看过在平户的田川惠子和儿子。然而，由于每次去日本，都会有人监视，并且考虑到妻子和儿子的安全，所以他们总是聚散匆匆。这让郑芝龙感到非常的内疚，因为除了给他们母子送去一些钱财外，他什么也做不了。后来的时间里，郑芝龙也曾几次派人去接田川惠子母子，但都遭到了日本幕府的拒绝。

直到崇祯三年（1630年），福松7岁时，郑芝龙想出了一个主意，他请人给自己画了一张像，画上他身穿官服，站在一艘战舰上，旁边排列着无数战舰，军容强盛，旗帜鲜明。随后，郑芝龙派了一位能言善辩的使者，带着他的画像，率领几十艘战舰，驶往日本。

郑芝龙的使者到达日本之后，就去见幕府将军，献上郑芝龙的画像，请他允许田川惠子母子到中国。日本人见船上的水手个个精壮高大，穿着锃光瓦亮的盔甲，手持锋利的兵器，并且来者不善，便提出一个折中方案，同意放郑成功一个人回国。

这样的结果让郑芝龙感到非常的愤怒，甚至是仇恨。对于才7岁的福松而言，这也是一件悲喜交加的事情，喜的是能回国见父亲了，福松特别高兴。但母亲不能一起去，他也很难过。当时，他非常不想和母亲分开，甚至决定不回国了。他问母亲："母亲，你和我一起回去有什么不好吗？那样你就省得惦念着我和父亲了。"

田川惠子说："孩子，这是国家的规定，我是在日本出生的，我就是日本人，就是让你回国还是费了九牛二虎之力呢！"

"日本为何要有这样的规定，难道就这样永远把我们隔开吗？"

田川惠子听到这里哭了起来。

此时福松把他平时玩耍的军刀举了起来，对母亲说："母亲，您不必难过。等我长大一定要接您去中国和我们团聚。您也不用担心我，我会努力学习，将来报效国家。"临走之前，为了表达对母亲的依依不舍和安慰母亲，他特意在家门前亲手栽植了一棵松树。后来，这棵树长成大树，盘结苍郁，蔚为"松浦心月"的胜景之一，长期为日本友人凭吊。

这一年秋天，海上刮起北风的时候，郑成功乘船启程了。临行前，田川惠子牵着儿子的衣裳，失声痛哭，过了好一会儿，才放手让儿子上船。就这样，郑成功在 7 岁的时候，离开了母亲，被带回了祖国。

在郑成功坐上父亲接他的战船之后，在大海中航行了 10 天，才到达他从没见过的祖国。为了尽快接妻儿回国，郑芝龙已经有两年没有再去看过田川惠子了。此时看到自己的儿子，才发现福松已经长成一个英俊少年了。只见他声音洪亮，谈吐文雅，眉宇间透出一股飒爽英气。郑芝龙真是喜上眉梢，他马上给儿子起名郑森，字明俨。随后郑芝龙先带他到南安石井拜谒郑家祖祠，然后回到安平城。自此，郑成功开始了另外一种生活。

尽管郑芝龙这时当上了总兵官，是福建的最高军事长官，他的财产又是富过王侯，可以说有钱有势。可是，他的家庭门第低微，他本人又当过海盗，当地的名门望族还是有些看不起他，认为他是暴发户。郑芝龙见郑成功在田川惠子身边受过良好的教育，举止端庄，不像家里的那些小少爷骄横顽纵，就把读书应试、光耀门楣的希望都寄托在了郑成功的身上。而此时的郑森（郑成功）也深知自己身负着重任，他不仅要光耀门楣，还要早日将母亲接回来团聚。于是，在这个新的环境下，他更快地成长着。

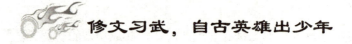

修文习武，自古英雄出少年

　　郑成功回到父亲的身边后，感觉一切都是陌生的。他从异国海边的渔村，住进了泉州安平镇郑芝龙的豪华府第，从粗茶淡饭、无所拘束的朴素生活，到锦衣玉食、婢仆成群的富贵享受。起初，年幼的郑成功还颇感不自在。

　　此时，在父亲的驻地里，没有人再叫他福松，而是都叫他郑森。这虽然只是一个名字的改变，却让他有着很深的感触，因为母亲不在他身边了。初到安平城，郑成功大开眼界。以前，他生活的地方是很闭塞的，没有见过什么大的场面，也从未见到过像这样的大城、楼房。此时见到这些，让他感觉很新鲜。城西是海门，江上摆满了战舰、商船，桅杆上飘着"郑"字号旗。船、军队、楼房、商店……这一切都是郑家的。不仅如此，在这个驻地里，所有的人都知道他是郑芝龙的大公子，以后就会是他们的头。于是，不管他走到哪里，都受到人们的尊重。

郑成功常把学到的知识讲给同学们听，什么姜太公辅佐武王伐纣、孙武吴宫教战、荆轲刺秦王等动人心弦的故事，他都慢条斯理、一套一套地讲给大家听。他爱读书，但并不天天埋在书堆里，他还不时地舞枪弄棒，更愿意了解书房以外的广阔世界。所以，一有机会，他就跑到海边，跑到那些挂着"郑"字旗号的兵船上去。"那么多水兵，那么多战船，都是郑家的?"

他看到后，心里开始有些茫然，慢慢地也就意识到郑家的家族和父亲的势力可真不小呢! 水兵们见他，就称"森舍" (森，是他的名字；舍，是公子的意思)，还向他行礼，他觉得自己仿佛也是这个队伍的一员。他最爱听水兵们给他讲述海上生活和大风大浪里与海盗搏斗的战斗故事。他特别羡慕那些身着盔甲、腰悬大刀的将士，一看到他们就联想到岳飞、文天祥等英雄豪杰的气概，随之而憧憬着自己未来的作为。这让郑森（郑成功）有一种很兴奋的感觉，对母亲的思念慢慢地都转化为了他进步的动力，他要在这里有一番作为，最终实现自己的愿望。

分别了 7 年才见到自己的儿子，郑芝龙一方面感到非常的高兴，另一方面他也感到很内疚。于是，在后来的时间里，他对郑森（郑成功）关爱有加。郑芝龙很喜爱郑成功，不仅因为郑成功具有像他一样的容貌气质，也为了远在日本他所思念的田川惠子。能照顾好郑成功，也或多或少地补偿了对田川惠子的歉意，毕竟，他还未尽到做丈夫的责任。为培养郑成功成才，郑芝龙花重金聘请了一位很有学问的老学究做他的老师，教他读书识字。在郑芝龙心中，对儿子成名抱着极大的期望，为了栽培他，专门聘请了最好的老师来教书。

郑成功的少年时代，正值明王朝土崩瓦解的时候，国事越来越混乱。而他的老师也是忧国忧民的爱国之士，在授业的同时也常常拿英雄志士的诗篇让郑成功学习，以期郑成功能成为济世的英雄。老师给他讲矢志兴吴、舍身力谏的伍员，高节不屈、海岛传声的田横，危言深论、激浊扬清的范滂，闻鸡起舞、击楫中流的祖逖，忠勇无敌、名垂千秋的杨业，三呼渡河、壮心未已的宗泽，尽忠报国、心昭日月的岳飞，法天不息、正气浩然的文天祥……这些忠肝义胆、舍生取义、杀身成仁的志士英豪，都给郑成功很深的印象，燃起了他要做一代英豪的雄心。尤其文天祥的"人生自古谁无死，留取丹心照汗青"在郑成功的心灵里打下了深深的烙印。

在学习知识和做人的道理的同时，每到晚上，郑成功也总是一个人思念远在平户的母亲。离开的时间越长，他对母亲的思念越盛，这些心绪常使郑成功辗转难眠。他时常凝视东边的天空，思念着大海那边的母亲。这种思母痴情，常引出他的叔父和弟弟的笑语。

有一次，郑成功和父亲一起到集市上玩，走到一个相面先生的摊前。此时，相面先生见到少年郑成功时，就认为他是"济世之雄才，岂止是科举中人"。想到成功日后将成为叱咤风云的人物，郑芝龙非常的高兴，当时就给了那位先生双倍的价钱。郑成功回到父亲身边，宠爱他的不仅有父亲，还有他的叔叔郑鸿逵。他的叔叔是最疼他的人了，而且逢人便说："这是我们家的千里马！"这些让郑成功慢慢有了家的感觉。

郑成功一直希望自己成为一个文武双全的人，他平时最喜欢读的书是《春秋》和《孙子兵法》，这两部书对他一生的影响极大。《春秋》赋予他忠君爱国的思想，而《孙子兵法》则给他受用终生的军事才能。

郑成功酷爱读书，但是他从不死读书，也不读死书。郑成功天赋聪明，涉猎广泛，勤奋刻苦，8岁时会背诵"四书五经"，10岁能写八股文。12岁时，老师曾以"洒扫应对进退"为题命他作文，他在文章中写道："汤武之征诛，一洒扫也；尧舜之揖让，一进退应对也。"文章的意境开豁、新奇，使老师感叹不已，大赞郑成功是"天下奇才"。文由心动，郑成功小小年纪就能说出修身齐家治国平天下的大道理，自可见他的敏锐才思和汤武胸怀。

郑成功纪念馆

看到儿子这样好学，郑芝龙感到无比的自豪和欣慰。郑芝龙年轻时，不肯好好读书，老来才深感才学贫乏，如今他把求取功名的希望全都寄托在了儿子的身上。郑成功果然不负父望，于崇祯十一年（1638年），也就是他15岁这一年，他以优异的成绩，考取了南安县学生员。从此以后，他果然如父亲所希望的那样：青出于蓝而胜于蓝，不断地显示出自己的聪明和才华。郑成功除了读书之外，对骑马射箭也很感兴趣。他希望自己文武双全，所以用在练习剑法和骑射的时间很多，这为他在日后漫长的戎马生涯中打下了极为雄厚的基础。

在这样优越的环境中，郑成功学习非常刻苦，有的时候竟然到了废寝忘食的程度，这些让郑芝龙感到非常的满足。曾经有一次，郑芝龙在幕僚宾友的陪同下，乘大船在五马江上游览。而此时的郑成功独自在一个角落里潜心读书。郑芝龙走了过去。郑成功见到父亲来了，便对父亲行了礼。郑芝龙对郑成功抱着非常大的期望，希望他将来能继承自己的事业，见他在学习非常高兴。船帆升了起来，风儿将帆鼓得满满的，船像一支离弦的箭似的向前飞驶。郑芝龙想考考自己的宝贝儿子，便对郑成功说："森儿，我这儿有个对子，是一位老先生教我的，你对对看。"郑成功说："请父亲出上联。""你看对面那只舢板，尽管渔民拼命摇橹，可怎么也没我们快，所以我认为，'两舟并行，橹速不如帆快'。郑成功听完后很快就明白过来了。他知道父亲这个上联是语带双关，表面上在说"橹""帆"，实际上"橹速"是隐喻周瑜的谋士鲁肃，"帆快"是隐喻刘邦的参将樊哙。郑芝龙的意思就是说"文官不如武官"，所以，要想对好这个下联，不仅要找到两个历史人物，还要利用谐音，这个对联看来不容易对。

郑芝龙说完上联，看到郑成功还在思考，于是便捋捋胡须微笑了起来。他本来想提醒儿子一下的，但是郑成功仿佛看出来了父亲的心思，于是就说："父亲莫急，孩儿思考片刻便对出下联。"少顷，郑成功便对出下联："八音齐奏，笛清难比箫和。"语音刚落，满座叫绝。原来他的"笛清"暗指宋仁宗驾下大元帅狄青，而"箫和"暗指协助刘邦治国平天下的丞相萧何。他的意思是说"武将难比文官"。郑成功在众人面前的巧妙应对，有力地反驳了父亲的看法，不仅没有使郑芝龙生气，反而使郑芝龙愈发觉得脸上有光。于是，在接下来的时间里，郑芝龙更加鼓励郑成功攻读诗书了，并且时常还会让郑成功给他讲解他对所学的这些知识的理解。

时间真的是过得很快，掐指一算，郑成功回到父亲身边已经有七八年了。崇祯十一年（1638年），郑成功15岁，父亲为使他得到深造，便把他送到南安县学习，结业后参加"县试"，成绩优异，中了秀才。后来，父亲又安排他去福州参加"乡试"（比县试高一级的科举考试），因郑成功实在不愿受那古老陈旧的科举制度的约束，只考了半截就溜出考场了。这或许正应了相面先生说的那句话："济世之雄才，岂止是科举中人？"

又过了几年，郑成功已变成一个身躯魁梧、仪表堂堂的成年男子了。郑成功19岁时与明朝泉州进士、礼部侍郎董飚先的侄女董氏结婚。崇祯十七年（1644年），郑成功21岁，又以第一名的成绩进入南京国子监太学。那时，南京城有个诗人叫钱谦益，他写的诗有着雄浑而沉郁的特点，辞藻非常华丽。他的名气很大，传遍了东南沿海，郑成功曾读过他的诗，对他十分仰慕。郑成功到南京之后，就以弟子之礼，拜钱谦益为师。

当时，年轻的郑成功写了几首诗让老师看，钱谦益看后颇为赞赏。他认为郑成功尽管年纪轻轻，写起诗文来却一点也没有尘世的俗气，是一位很有才华的青年。但是，郑成功并不满足于吟诗弄墨，他更喜欢和老师谈论国家大事，认为读书人要以天下为己任，特别是在国家多难的时候，匹夫要有拯救天下之心。老师钱谦益对当时的局势并不抱什么乐观的想法，可是，郑成功却认为事在人为，局势的转变根本在于人的努力。

然而，让郑成功没有想到的是，当他和老师谈完自己的看法后，

郑家有子初长成　雄心壮志昭日月

并没有得到老师的赞同。钱谦益听完后摇了摇头，对郑成功说："你太年轻了，要知道世界上的任何事情，纸上谈兵容易，实际做起来却是十分困难的呀！"听到老师说这样丧气的话，郑成功感到很失望。于是，他以严肃的目光注视着老师，用坚定的口气回答："老师，能不能做是一回事，愿不愿意做又是另一回事。只要下定决心，不贪图个人的禄位，即使只有三千精兵，也足够了！如果都像老师这样想的话，那还能做成什么事情？"

尽管郑成功的言辞有些激烈，甚至对老师有些责怪之意，但是德高望重的钱谦益并没有感到生气，而是对郑成功另眼相看，非常赞赏。他明白这个学生无论在胆识上，或是在节操上都胜过自己，将来一定是国家栋梁之材。

钱谦益越来越喜欢这个年轻人，并将自己一生所学都尽力传授于他。钱谦益还称赞说："此人英雄，非他人能比。"并且还为他取名为"大木"寓意他日后必成国家栋梁之材。再后来，在老师的推荐下，他又拜御史徐孚远为师，学习吟诗。当时的名家对郑成功的诗都很欣赏。应天府丞瞿式耜对郑成功的诗评为："瞻瞩极高，他日必为伟器。"从他的诗中，就反映出了他的雄才大志。

自古英雄出少年，这话一点不假，郑成功正是这样的一个有血性，有抱负的青年。后人曾评述郑成功说："权谋术数受之于父，果敢刚毅传之于母。"郑成功的汤武雄怀，为他日后风云一生打下了基础，使他能在各种情况下以高视野去观察、思考。

郑
成
功

崇祯自缢，郑氏拥立隆武政权

在父亲身边，郑成功每天都坚持读书习武，以待将来能够实现自己的远大抱负。然而，当时的明王朝已经处于风雨飘摇之中。当时的朝政已经到了腐败透顶的程度，随时都有灭亡的可能。这些形势，郑成功都真真切切地看在眼里。

当时，朝廷中的皇室、贵族、大官僚为了满足自己的穷奢极欲的享受，全然不顾天下黎民百姓的死活，不但没有减轻税赋徭役，反而增加了名目繁多的苛捐杂税，皇族、大官僚、大地主乘机疯狂兼并土地，致使大批农民破产流亡。这些苦难，崇祯皇帝却视而不见。他还向全国派出大批宦官，充当矿监税使，横行各地，似虎如狼，肆意敲索民财，以致荼毒生灵。这些宦官的权力越来越大。他们不仅对劳动者残暴压榨，对城乡有产者也进行搜刮，在全国造成了"如沸鼎同煎，无一片安乐之地，贫富尽倾，农商交困"的局面。到处都是饿殍遍野，白骨累累的景象。这些暴政激起了大小不下数百起的政治暴动和民变。

时局如此严峻地摆在人们面前，尤其对于矢志不渝效忠大明王室

的那些留守在位的重臣来说，如果不甘心自己一派及其所代表的士民身家性命被这场席卷而来的龙卷风摧毁，就必须设法在江南这片富庶的土地上，切实有效地建立起一个能与强大的李自成的农民军相抗衡的新政权。要建立这个新政权便必须在朱姓的皇族中物色一个能掌握时局的新皇帝。

李自成画像

三月的时候，天气变得和煦。金色的阳光从蓝天上直射下来，桃红柳绿相互掩映。被赞誉为六朝金粉之地的南京城，总是在这个时候开始了它一年当中最为欢乐迷人的游玩季节。要是在往年，秦淮河上定然已经浮游着许多官船画舫。而冷落了一个冬天的茶馆酒楼，也定然忙着重整旗鼓，笑容可掬地迎来送往着五湖四海的游客。可是如今，因北京吃紧，李自成农民军兵临城下的骇人消息已经在民间四处流传，致使整座城市处于戒严状态。尽管市井照旧开门营业，黎民百姓也照旧在为生计奔波，可是，以往人们脸上那种悠然自适的神情消失了。一向车水马龙的繁华市井，不知怎的一下子就完全变了样，变得寂静而冷落。哪怕是碧波粼粼的秦淮河如今也失却了往日的热闹和温馨。取而代之的倒是一批又一批全副武装的士兵，不时地在街道上吆喝横行，平添了一派紧张和恐怖的气氛。

然而，即使在这样的恐怖之中，也不乏正义之士和为民请命的志士，这其中最著名的就是东林党人。东林党是江南士大夫代表中小地主阶级利益组成的政治集团，他们要求撤除祸国殃民的矿监税使，反对横征暴敛，遭到阉党的残酷迫害，很多才识卓著，深孚众望的东林党人，都死在了明末的特务组织——"东厂、锦衣卫"的手里。但是，东林党人并没有被吓倒，而是联合了更多的人来与这些阉党做斗争。

1627年，爆发了农民大起义并且很快就达到了高潮。其中以李自成、张献忠的势力和规模最大。1640年，闯王李自成的队伍已壮大到数十万人。1644年，他在西安建立大顺政权。第二年，他率主力北上，兵临北京城下，明崇祯皇帝朱由检见末日已到，最终在煤山（即景山）自缢，明王朝灭亡。

随后，李自成杀入皇宫。然而，李自成的农民起义军未能牢牢把握浴血奋战多年得来的胜利果实，推翻明王朝刚刚取得胜利之后，就匆匆收场了。为什么会这样呢？当时的农民领袖中很多人被胜利冲昏了头脑，以为天下就此太平，丧失敌情观念，他们以为杀死了皇帝和那些大官就取得了最后的胜利，却不知道大地主阶级并不甘心失败。明王朝灭亡后，他们勾结东北以满洲贵族为中心的清朝势力，联兵向农民军反扑。明驻山海关总兵吴三桂降清，引清兵入关，杀向北京。李自成于四月十九日仓促出征应敌，二十六日大败而归，被迫离京南下。而此时的清军乘机占据了北京城，攫取了农民军起义的胜利果实，使得农民军数年来的胜利成果毁于一旦，并且在进入北京城之后，建立起了清朝。

清朝建立后，对广大的汉人实行了残酷的统治和奴役。尤其是在清初，带有浓厚的狭隘种族统治的色彩，对广大汉族人民和其他少数民族实行残酷的民族压迫。他们以征服者自居，入京后就命令将北京

郑家有子初长成　雄心壮志昭日月

居民半数驱逐出城，以便驻屯八旗兵；同时命令在京城近郊开辟牧马场，饲养战马，强占了百姓的大片良田沃野。

随后，清军又强迫推行"圈地"命令，任意圈占大片汉人土地，分给来京的八旗军眷属和其他满族人，连汉族人民的田产庐舍也无代价地变成满人产业，很多汉人也沦为八旗奴仆。清朝统治者还不顾汉民族的风俗习惯，强迫推行"剃发"令。清军所到之处无不烧杀抢掠，全国顿时陷入一片混乱之中。

虽然清军占领了北京，但是明朝皇室的后裔依然占据了南方大部分地区。江南和由北京南下的大地主、官僚便策划建立明室新政权，以维护他们的阶级利益。以马士英、刘孔昭为首的大地主、宦党官僚和地方实力派主张拥立明神宗朱翊钧之孙福王朱由崧；以史可法、姜目广为首的代表中小地主阶级利益的官僚和东林党人主张拥立潞王朱常淓。尽管到了生死存亡的时刻，这两个政权还是为了各自的利益斗来斗去，最后以福王掌握兵权实力而取胜。明崇祯十七年（1644年）五月，福王朱由崧在南京即位，年号弘光，成为南明的第一个政权。福王昏庸无能，终日沉湎在笙歌酒色之中，即位后大修宫殿，征歌梨园，后宫女子数以千计，过着荒淫无耻的生活。

此时的皇室后裔中，已经几乎没有什么希望了。福王虽然即位，但是毫无政绩。面临危亡之际，在朝堂之上，依然是党争激烈。马士英入阁为相后，把持朝政，起用阉党阮大铖，任用私人奸小，排斥忠良，大肆卖官鬻爵，贪赃枉法，利之所在，趋之若鹜，即使是毫无才识的白丁，只要肯出钱买官就可位至将帅，所以当时有"扫进江南钱，填塞马家口""官职贱如狗，都督满街走"的民谣。同时，享誉江南，深负众望，坚决主张抗清的史可法却被马士英等人排挤出京，督师扬州。

朱由崧即位之后，见郑芝龙兵财两盛，派陈谦到福建封他为南安伯，擢升福建总兵，并调他的兵将 6000 人到南京来拱卫京师。郑芝龙命郑成功随兵入都，到文物昌盛龙盘虎踞的石头城来读书，以广见闻。郑成功到达南京后，就读于国子监，成为太学生。不久，郑成功参加了一年一度的贡生考试，榜上有名，并以贡生资格进夫子庙读书深造。夫子庙是南京最高学府，国子监便设在此。郑成功一走进夫子庙便叩拜大成至圣先师孔子灵位。这是当时所有读书人尊孔的一种仪式。拜了孔子就是儒家的信徒。郑成功专心致志读书，学业精进，很快成为莘莘学子中的佼佼者。郑氏家族中读书人不多，中了举人的唯独郑成功一人。

南京此时已是政治经济的中心，时局变幻莫测。读书人莫不敏感，尤其郑成功表现突出。他目睹了各种各样的人和事，经历过明清两朝的生死搏斗，亲身体验了清军的残暴，清军兵马所到之处，莫不鸡飞狗跳。

当时，郑成功最佩服的是史可法。史可法效忠明朝宁死不屈，英才忠义都是有口皆碑的。他对郑成功的成长和政治倾向都有一定影响。在民族危亡之际，东林复社所倡导的忠君爱国，坚守气节，杀身成仁的精神，"冷风热血，洗涤乾坤"的号召，对热血青年郑成功有很强的感染力。在东林师友的影响下，郑成功对明末阉党专权，迫害忠良，君臣误国的作为极为不满，并且作诗对明末的弊政和重大失误，做了尖锐的批评："元首何昏昏兮，股肱不良；庶事之丛脞，安得黎庶之安康。"

这首诗是说，君主昏聩，臣子奸佞，时事艰难，百姓如何能安居

郑家有子初长成 雄心壮志昭日月

乐业？同时抒发了自己尽忠报国的心怀："将区区之愚忠直分，同心同德赋同仇。"

1645年的春天，当弘光政权还在醉生梦死的时候，清军大举南下，明将许定国投降清军，淮河防线顿时崩溃。同时，驻兵武昌与东林党有旧谊的大将左良玉，以"清君侧"为东林复仇为名，起兵东下，进军南京。专擅朝政的奸党马士英、阮大铖为抵抗左良玉，急由抗清前线调回黄得功、刘良佐两部兵将进行内战，声称宁可让清兵来，也不使左良玉得志。左良玉在东下途中病死，其子率大军降清，清兵实力更为雄厚，兵锋直逼屏障南京的江北重镇扬州。督师扬州的史可法困守孤城，调受其节制的各镇兵将前来增援，却无人应命。

史可法抱着与城共存亡的决心，率亲军4000人苦守扬州。4月15日，清军环逼城下，清将多铎五次写信给史可法劝降，史可法均不启封，将信投入火中，以示抵抗到底决不屈服的决心。4月25日，扬州城破，史可法被俘。多铎再次劝降，他大义凛然地说："我是明朝的重臣，岂肯苟且偷生，头可断，志不可屈！城亡我亡，我志已定，即使碎尸万段也心甘情愿。"他慷慨就义，表现了中华民族宁死不屈的气节。清兵入城后，对扬州进行了残酷的烧杀淫掠，血洗十日，死者十几万人。具有数百年历史、风物繁华的江北名城扬州成为一片废墟。扬州既失，江北失去依托，清军跃马挥鞭，直杀到长江边上，并趁夜色掩护，由京口渡江，直驱弘光政权的首都南京。此时，南京城中依然熙熙攘攘，毫无备战气氛，秦淮河畔，时时传来箫笛笙歌，昏庸的弘光帝尚在后宫饮宴，酒酣耳热，马士英等权臣以及百官听说扬州陷落，赶忙收拾金银细软，准备四散逃亡。

此时的郑成功思想已渐渐成熟，并且也有了自己的眼光和看法。

同时他也亲眼看见了弘光政权的荒诞不稽，官吏腐败，民不聊生。这使青年郑成功痛心疾首。他愤然说："官失苍生，如鸟失毛；鸟无毛，焉能长久乎？"又说："掳掠无忌者，如立行之兽何异？"由此可见，青年郑成功有爱国爱民之心肠，对民族的危亡感慨系之。他在国子监读了两年半书，被乱世震撼了，再也无法读下去。是的，热血男儿，面对国难，向往的是沙场。可是，无奈他赤手空拳，有志不能报国。他很痛苦，毅然走出了夫子庙，立足留都，放眼乱世，一心等待风云际会，实现匡扶社稷的理想。这时的郑成功虽然年轻却懂得了社会上许多事理，明悉了世间人际关系的复杂险恶。此后他奋发进取，努力跻身政界，与各阶层的人士有了很好的接触。

清顺治二年（1645年）五月，清朝定国大将军、豫亲王多铎率领清兵打进南京，弘光政权灭亡。郑成功目睹国破民亡的悲惨景象，内心非常沉痛。于是，他决定先回到福建家乡，然后组织力量抗清。

弘光政权灭亡后，郑鸿逵、郑彩听说杭州城已经被清军占领，于是就率领全部兵马退回福建。巡抚张肯堂、巡按御史吴春枝、礼部尚书黄道周、南安伯郑芝龙等人，商议在福建拥立唐王朱聿键为监国，并于当年闰六月十五日，共奉唐王即位福州，建元为"隆武"，并设六部九卿，在福州上、下游各设四府。大量兵马集中在福州为总策应，以谋求反攻收复明朝故国。郑成功的父亲郑芝龙、叔父郑鸿逵都做了首辅。郑芝龙一家几个兄弟都受到隆武帝的封赐。当时福州一带早已是郑芝龙的势力范围，军政大权全集中在郑芝龙一人手里。明朝在江西、湖北、广东、广西、四川、云南等地的文臣武将听到隆武政权的建立，纷纷上表称臣，表示拥护。

有勇有谋，深得赏识赐国姓

就在弘光政权灭亡的这一年，郑成功的母亲田川惠子刚好也回到了中国。这个时候正是战乱不断的时期。而且由于战乱和局势的变化，南京太学也被解散了。于是，郑成功便回安平老家与母亲团聚。其实，之前郑芝龙不能够接回自己的妻子田川惠子，主要是由于他的实力不够强大，而这次郑芝龙之所以此时能将田川惠子接到中国，正是因为他在弘光政权中被封为"南安伯"，田川惠子被封为"国夫人"，日本当局迫于形势才同意让田川惠子回到郑芝龙的身边。在这种形势下，郑成功得以和分别十多年的母亲团聚，百感交集。他深深地知道，此时母亲回到这里，是不安全的，但是不管怎样，一家人团聚了，郑成功还是非常的高兴。这些年来对母亲的思念终于可以告一段落了。所以，接下来的日子里，只要郑成功有时间，他都会前来陪伴母亲。

唐王被郑氏拥立为帝后，改元隆武，史称隆武帝。隆武帝朱聿键原是明先祖第二十三子唐定王朱桱的嫡系子孙，于崇祯五年（1632年）嗣为唐王。到了崇祯九年（1636年），明朝危机四伏，国运乖蹇，唐王朱聿键奋不顾身，为保王朝安危，未奉旨出兵勤王，犯了"亲藩"私自出境之罪。按罪论处是极刑，后被重臣力谏才废为庶人，囚禁于凤阳高墙内，直至崇祯十七年（1644年）清军大举入侵，势如破竹，占领北京，朱由崧称帝于南京，大赦天下的时候，唐王方出高墙，恢复自由。但是不久，南京又沦陷了。唐王无奈中逃往福建，途中正好遇到郑鸿逵、郑彩、熊文灿等一批手握兵权的朝廷大人物。唐王对时局非常失望，尤其对、南京陷落感到悲痛不已。他激愤地说："真没想到我大明王朝的天下，竟然会被鞑子轻而易举地窃据。我身为皇室子孙不能保国安民，却混在难民中逃亡，苟且偷生，想起来就惭愧！死后有何面目见列祖列宗？"言罢，放声大哭，涕泗横流，痛不欲生，情景十分感人，令随行者无不陪洒一把辛酸的泪水。

唐王朱聿键见众人同情他，心地开始复苏，认为自己还是有号召力的王孙。对此，他颇为得意和自信，觉得高墙内的赋闲生活虽然无聊而漫长，却没有消磨掉自己的才华和胆识，于诸多王孙中依然是出类拔萃的。正是这种勃然而起的豪情使他无所忌讳起来。他说："我大明江山何以破碎得如此之速，委实并非偶然！说到内情，众位臣僚并非悉知，有的可能略知一二，有的则全被蒙蔽。今日有暇，我不妨聊聊，与诸位一同消遣。远的不说，就从神宗帝说起。他竟然是个鸦片烟鬼，荒唐到长年不上朝，怕见大臣。这岂不是千古荒唐事？有如此之帝王，就有如此的大臣。据我所知，吃鸦片烟的大臣至少有两百多人。这些文武大臣除了会吃鸦片，什么事都懒得做。不做也罢，反倒行腐败之能事；骄奢淫逸、枉法贪赃之徒比比皆是；少数不腐败者，又是不求有功、但求无过的多；默默无闻，做一日和尚撞一日钟，混混日子，粗茶淡饭也知足的占了不少。"

说到最后，唐王愈加显得激愤，说："雄杰之士、龙虎之将者，降的降，被撤的被撤；再不就是溜的溜，死的死。这便是我大明朝廷的现状。如此下去，江山岂有不失之理!"

听完唐王的这一番话，众大臣和将士无不感到吃惊。他们没有想到，昔日的唐王虽然被囚在高墙之内，但却对当今的时局看得如此清晰。当唐王说完这些现状之后，在场的大臣都认为事已至此，已经无力回天了。通过聊天，唐王的心境更明亮了。他认为要扭转乾坤必须从朝廷做起，变革朝政迫在眉睫，但是真做起来又谈何容易!

但是不管怎样，唐王毕竟是皇室后裔，于是这些大臣就跟随唐王来到了福州，并一路保护唐王。这里是南国比较安全的地方，此时早已荟萃了许多朝臣。其中有礼部尚书黄道周，巡抚吴春枝和福建总兵郑芝龙等人。由于唐王一路礼贤下士，表现颇好，众臣对他产生了好感。由于朱由崧逃亡下落不明，多数消息传他被清兵杀害，一时群龙无首，所以由几位重臣倡议，拥立唐王为新君。唐王再三推让。众臣力举不休。唐王最终妥协，被众臣一拥而立为君，拟国号"隆武"。隆武帝登基后，广纳贤能之士，大施皇恩，封官赐爵。

隆武帝即位后，与其他政权有所不同。他看到过去的那些势力之间的争斗以及政权的腐败，心中十分愤怒。所以，隆武帝即位后，一心勤于中兴政务，凡有章奏批答，都亲自动手，不借助于阁臣，而且他生活俭朴，布衣蔬食，约束甚严。然而，与此同时，在清军大兵压境的危急关头，鲁王朱以海和唐王朱聿键两个并存的政权，仍然没有吸取以往的教训，还在忙于争夺谁是正统，势同水火；在隆武政权内部，尽管隆武帝一心革新政治，但同样也是矛盾重重。郑芝龙自以为拥立唐王有功，军政开支又都由郑家支付，因此居功自傲，非常跋扈。

　　郑鸿逵考中武举与武进士，做了崇祯皇帝的锦衣卫"掌印千户"，积功升至总兵，其后到南京帮助福王，在史可法指挥下，守瓜洲、仪真。此人忠心事主，福王封他为靖西伯。唐王即位后，升他为定西侯，也把郑芝龙由南安伯升为平西侯。此时，流亡四海的朝廷官员，闻讯唐王登基做了皇帝，纷纷赶来福州。一时福州紫气氤氲，市井车水马龙，万象更新。尤其救亡图存的旗帜无处不在高高飘扬。抗清复明的形势渐渐有了新起色。然而，隆武政权首先面临的难题是：兵少将寡，粮乏饷缺，困难重重。隆武帝召集群臣商议，勉励大家献计献策，渡过难关。大臣黄道周率先上奏："皇上英明。微臣思量过，举坐者唯平国公经营闽南长久，尤占台湾海峡二十余年，人戏称'海盗领袖'，官居'游击将军'，富可敌国。这是众人皆知的。"黄道周一面说，一面关注周围的气氛，感到气氛有点热烈，便又以羡慕的口气说："平国公德高望重，能呼风唤雨，人缘极好，控制沿海得心应手。港口里的船只多如水鹜。依我之见，抗清能立大功者，非平国公莫属！"

　　郑芝龙眨眨眼睛，似乎对黄道周的话感到不顺耳。"这是不行的，"他严肃地说，"恕我不恭，黄道周大人的计策是荒唐的，若照大学士所言，莫非要我放弃兵权，重蹈商界去经商不成？"

　　隆武帝见郑芝龙出言不逊，怒气冲冲地驳回黄道周的奏议，心里颇为不悦，却毫不动声色，心平气和地说："依爱卿之见，目下，我大明的危局该如何方可扭转？"

　　郑芝龙说："启禀皇上。眼下，民不聊生，国库空虚，微臣不是置困难于不顾，只因自己不才，又加上福建这偏僻之处，土地贫瘠，不毛之地没有什么东西可长，故而家财亦菲薄，实非众人所认为的巨

郑家有子初长成　雄心壮志昭日月

头商贾，更非富可敌国，充其量一介小商人而已。微臣这等说，绝无吝财之意，即使家境如此，臣也愿穷尽家当，养三万人马，并愿率部戍守仙霞关。若无异议，前方吃紧，恕臣不候了，臣告退。"

早朝便这样草草了之，君臣不欢而散。隆武帝心里有气不能出，闷闷不乐。虽然隆武帝想有所作为，但他也是心有余而力不足。在这样进退两难的境地中，隆武帝急需一个能够了解他并且愿意为他忠心效力的贤才。于是，在接下来的时间里他一直在等待着，寻找着。

明隆武元年（1645 年）九月，郑芝龙的弟弟郑鸿逵带着儿子郑肇基去拜见隆武帝，隆武帝见了这个孩子，十分高兴，就赐肇基朱姓。郑鸿逵带着儿子回来之后，扬扬得意地叙述了这件事。很快，这些话传到郑芝龙的耳朵里。郑芝龙一向是飞扬跋扈，听到这样的话，他感觉到隆武帝对他有所偏见，这些是他所不能忍受的。他心想：我的儿子哪一点会比肇基差呢？只是可惜我没有早想到这一点。不过，要补救这个过错也不难，只要带着儿子去见皇帝就可以了。然而，此时的郑成功并没有在他身边，而是在福建老家。

于是，郑芝龙写信给郑成功，要他火速返回福州，觐见新皇帝。由于当时的局势所逼，唐王的行宫是在福州。接到父亲的信后，郑成功告别母亲，连夜起程急急赶回福州。见到父亲后，郑芝龙又淡淡地对他说："此番拥立唐王，实属无奈，绝非为父的心愿，全是你叔父和黄道周的主意，我无功受封，得了个太师平国公的头衔。当下大部分国土被清兵占领，时局艰危，江南虽大，兵微将寡，粮乏饷缺，军心不安，民心背向，境况窘迫。鉴于此，复兴谈何易耳。往后局势如何发展，实难预测。在此情势下，得好自为之，稍有疏忽，后果不堪设想。为父之言，望吾儿谨记于心。"

听完了父亲的这一席话，再想到平时父亲的教导，郑成功感觉非常的失望。但是不管怎样，在郑成功的心里，他仍然向往明室复兴的大业。于是，他怀着不合父意之心，来到了他的叔父定国公郑鸿逵的府上。郑鸿逵见侄儿来访，再想到以前自己对侄儿的了解，也能猜出几分意图。待他们都坐下后，郑鸿逵就开始大侃时局，所言之事都合郑成功之意。当谈及父亲拥立唐王称帝的经过时，郑鸿逵颇不留情面，严肃地批评了郑芝龙："你父亲身为朝廷重臣，享受高禄，官居要职，总揽三部重责，位高权重，正好为国立功，报效皇上的恩典。然而，你父亲知恩不报，思前顾后，畏葸不前，而且常打退堂鼓。如此行为，实在令人焦虑不安。贤侄风华正茂，正是为国出力之时。此番回来，你要劝劝你父亲，要一如既往，全力以赴，共图中兴明室的大业。即使失败了，也会流芳千古，后人自有评说。"

听完叔父的话，郑成功的内心非常激动，并说："叔父的思想与侄儿的思想是一致的。我会孜孜不倦地努力，争取不让叔父失望，做一个不负众望的人。因此，在这种情势下，我就要逆流而上。要做到如此，就要不怕艰难，不畏生死。"郑成功热切而自信地说着，一双眸子，在轮廓分明的脸上显得炯炯有神。他带着不解和渴望的心情，清清嗓音说："侄儿见识浅陋，对复杂纷繁的时局把握不准，请叔父对当前局势指点迷津。"

此时的郑鸿逵也深知郑成功的心意，于是就说："这个问题并不难，我把它概括一下，就一目了然了。先从北方形势看，北方有李自成的农民军。这支军队从人数上看，可谓强大，但透过强大的本质来看，并非如此。因为它是一群乌合之众。乌合之众聚也容易，散也容易。李自成与吴三桂在北京的一战，被吴三桂打得一败涂地，几乎溃不成军。当然，这不是吴三桂一人之力，他还借助了清廷势力。也正因为有了这一点，满族人的势力才急剧强大。从整个战事中不难看出，李自成的失败，吴三桂的降清，导致了满族人的空前猖獗。当前，清军一面全力以赴向南推进，一面招揽我大明的降臣为他所用。清廷多尔衮指使洪承畴窜到江南行招抚之能事，收买人心，这着棋下得非常狠毒，大大动摇了我大明的根基。据我所知，投降的朝廷重臣就有一百多人。除了多尔衮，还有一个叫博洛贝勒王的人，此人手段更是歹毒，他伎俩百出，致使东南诸府县官员大受其害。尽管如此，但东浙和闽北一带义军蜂起，举旗抗清者前赴后继。从这一点可以看出，黎民百姓是不甘愿做满族人的奴隶的，有了百姓的支持，我大明就还会有希望。但是，你父亲非但不能正视这一现实，反而被暂时的劣势吓倒。贤侄正是风华正茂之时，又怀有凌云之志，若能把握好时机，搏击浪头，驱逐满族人，光复大明，一定能够流芳百世，为后世所敬仰。"郑鸿逵的一番话说得是神情激奋，激情高扬。他显然把郑氏家族的兴旺和明朝的中兴寄托在郑成功的身上，要他与其父亲划一道鸿沟，以免受到消极影响。

听完叔父的这一番话，郑成功顿觉胸中燃起一股冲天豪情，在这一刻，他感觉自己的壮志更加明朗了。他看着叔父，心中充满了敬意。这是他第一次听到叔父说出这样激扬的话，于是他站起来对叔父说："多谢叔父的谬爱和指点，愚侄永不忘您的教诲！"

经过和叔父的这次谈话，郑成功更加坚定了自己的志向。由于郑成功和叔父谈得非常投缘，不知不觉两个时辰都过去了。看到时间不早了，郑成功就告别叔父回家了。第二天，郑成功随父去福州布政使衙门，此处是隆武皇帝的行宫。郑芝龙携子觐见，隆武帝十分高兴，并高兴地走下台阶，亲手将郑氏父子扶起，随后，同他们亲切地交谈起来隆武帝说："郑森，据说你曾在南京国子监念过书，聆听过当今大学者阮大铖、钱谦益的教诲。他们衷心拥护我大明，不管风云如何变幻，始终矢志不渝，与反明派势不两立，哪怕受尽千难万苦也不改初衷。这样的忠臣贤才，如今真的是很少了啊。你能做他们俩的得意门生，说明你和他们有缘啊。俗话说得好，'师高徒不庸'。据说你也是莘莘学子中的翘首之才，很关心时局，有宏大的抱负，有志于匡扶明室。当下，朝廷人才匮乏，急需治国的贤才良将。朕今日召你来，就是想听听你对当今时局有什么看法，有什么应对之策。你愿与朕畅所欲言吗？"

隆武帝的这一番话，让刚开始还有些紧张的郑成功立即放松了下来。看到隆武帝很像兄长，说话斯斯文文，举止文质彬彬，丝毫没有皇上的架子，他毕恭毕敬地说："启禀皇上，论国政，微臣不敢。"

隆武帝见郑成功有所顾忌，于是便说："郑森，但说无妨，说错了朕不会加罪于你。今天是我与你共同探讨国是，也是你从政的开始，尽量发挥出你的聪明才智，抛弃思想顾虑，一展所长吧！"

听到皇上这样说，郑成功就将那些顾忌抛诸脑后了。心想：此次皇上让我谈论时事，言必针砭时弊，务必有益于社稷民生，有益于朝政；最忌讳的是言不由衷，抑或似是而非，泛泛而谈，于人于事毫无益处。只有这样，才能够让皇上信任自己，重用自己，而且自己也可以为光复明室贡献出一分力量。想到这些，郑成功就开诚布公地说："皇上，眼下南廷伊始，国事冗杂。仆身于局外，而心怀朝纲，旦夕不敢懈怠，盖思先帝，忧乎危倾耶。近闻朝中以拥立一事，相仇益甚，至有讹言流布，危机暗伏，波诡云谲，层出不穷。此乃仆所至忧也。

社稷维艰，于此为甚! 纷纭国事，至大至重者，莫过于抗清图存。凡我大明人士，岂无覆巢之忧乎? 更有同仇敌忾之志! 当此之时，山头之防，流派之争，实不妨暂置于脑后，而应捐异求同，悉心忧国，大明方有生路。此虽愚者也当能省识。以仆之见，新君既已登基，诸君子不必耿耿于昔日之异议，而生离心离德之念。前车之辙，后车可鉴，崇祯帝在位时，官吏擅权枉法，置江山安危不顾，尤言而无信，口蜜而腹剑，不恤民情，致使国家灾难不断，民不聊生，仍要敲诈勒索。昏官佞臣，鱼肉百姓，不以为耻，反以为荣，致使天下苍生不保。因此，揭竿而起者如洪水溃堤，势不可挡! 成群结党，麇集于李自成麾下，岂不是官逼民反! 鉴于此，治国不在治民，而在治吏，官吏治好了，不贪不占不嫖不赌不勒不索，民受益自然而安矣，民安天下安，民顺天下顺。有如此苍生，何愁江山不稳。社稷不强，区区满儿、胡孙之流，何足惧哉!"

郑成功的这一席话说得是正中时弊，一针见血。听完这些，隆武帝龙颜大悦，高声地说: "所言极是! 那么，依你之见，除了严惩贪官污吏外，还有什么是当务之急呢?"

"回皇上，这些症结最主要的根源就是用人的问题，用人不当，不善于用人是导致以往政权灭亡的主要原因。譬如说: 福王执政一年未满就失败了。为何败得如此之快?究其原因，固然很多，但主要还是用人不当。朝廷大权被马士英这帮小人窃取去了，而此人结党营私，热衷于小团体、小利益，不顾黎民死活，一味擅权枉法，危害了国家利益。朝野上下，朋比为奸，使那些忠君爱国之士受气受辱，无权无势，纷纷下野去当隐士，有的干脆去投奔清廷，另谋出路。比如南京兵部尚书熊明遇、兵部左侍郎徐石麟、内阁首辅周延儒等便是其中的代表。

当然，他们有自己的不是，但更多的不是则在朝廷。常言说，'一人不正其道，万人不继其后'。这是毋庸置疑的。"郑成功满怀豪情地说着，隆武帝也仔细认真地听着，并且还时时点头，面带微笑。

经历了这么多的事情之后，郑成功也是一直想找一个志同道合之人说说自己的雄心壮志，而此时，听他陈词的却是皇上，这让他感到非常的兴奋和痛快。于是，他又接着说起来："不妨再看看清廷用人之策。摄政王多尔衮可谓是个奇才，其人不仅武功卓著，懂军事，善于攻防之术，而且还富有对天才的组织能力，很会用人。正如他所说的'文治的诀窍，无非用人二字'。用人得当，事业自然成就得快。他网罗了我大明许多降臣，削弱了我大明的力量，壮大了他自己。这不能不说是我们失败的症结之所在；也不能不说是他成功的秘诀。比如说：清廷诱降了洪承畴一类重臣，省了他们许多气力，又重用他们长了不少见识。还有一位重臣大学士冯铨，此人归隐后，特地被从涿州请去，帮他恢复明朝制度。清朝的许多朝制是借鉴明朝而来的。冯铨曾追随过魏忠贤，跟他学了不少治国之道。若论其人品行，实属末流，故而魏忠贤不重用他。而多尔衮善用其长，使清朝的制度很快顺利地建立了起来。这可谓是多尔衮精明过人之处。还有在崇祯时期担任过大学士的谢陛，也被多尔衮重用。顺治元年有六个大学士，其中除两个他族人之外，四个是汉族人，就是范文程、宁完我、洪承畴、冯铨。他们起到了无人可以代替的作用。多尔衮还特别提拔重用一个汉人宋权。宋权曾任过顺天巡抚之职。此人曾向多尔衮建议，革除明朝的一切苛捐杂税，只留明神宗万历初年的'正额'；又建议把军民分籍制度取消，不再强迫军人籍的子弟服役，而这些建议多尔衮一一采纳，这些建议和政策为更好地收揽民心，瓦解明军起到了巨大的作用。总而

郑家有子初长成 雄心壮志昭日月

言之，多尔衮的用人之策是成功的。他不仅收买了人心，变敌为友，使南方各省官员思想动摇，反清不力，使上下不能合力，如人身上的血液不能畅通一样，自然这个人不久就会患病而亡。我大明的江山才落到今天四分五裂的局面。"

郑成功的这些肺腑之言，句句都是言之有物，正中时政。听完了郑成功的一席慷慨激昂的陈说，隆武帝心中顿时也好像也更加有了信心。他握着郑成功的手激动地说："没想到你如此年少，就对国事了如指掌，真真不愧为奇才，我大明有此人才，实乃天幸也!"皇上以羡慕的眼神望了望郑芝龙，这眼神分明是在感谢他养育了这么一个出类拔萃的儿子。然后，他又转向郑成功说："我大明连连受挫失势，国难如此深重，已到了朝不保夕的地步。眼下，如何才能尽快扭转这一颓势?"

郑成功稍作思考便说："皇上，愈是时局艰危，愈要体恤民情，取信于民，切莫欺民压民，万万不可视民为草芥，任意糟蹋之。首先，要激励义士，戮力同心，统一行动，振奋士气，一致抗清。眼下，江西、浙江、福建、两湖、两广均有义师，应尽快联合这些力量。他们不但能阻止清兵南下，而且还能重创顽敌，乘胜北征，收复失地，重振我军雄风。若能连挫顽敌数次，劣势将会变为优势。其次，要力固阵地。闽浙地势险隘，易守难攻。南边傍海，通洋经商；北陲山峻，藏身游击。我军如此运动自如，再派大臣前去各府县安抚士民，稳定人心，渡过难关。若能如此，我大明江山何愁不能光复?"

隆武帝静静地听着，越听越心悦诚服，觉得他所言深中肯綮，利弊均陈述得精微独到，同时也深深地感觉到郑成功是一个不可多得的人才。不由得对郑成功说："难怪众人都说太师平国公有个小诸葛，果然名不虚传。只可惜朕无公主赐你，就敕封你为禁军提督，享受驸马待遇。赐姓朱，易名朱成功。"因此朝廷内外都称郑成功为国姓，普通百姓或他的下级便称他为国姓爷。另外还命他为宗人府宗正、御营中军都督，仪同驸马都尉。自此，中外称之为国姓。第二年三月，再封他为忠孝伯，赐尚方宝剑，挂招讨大将军印。

听到皇上的封赐，郑芝龙也是非常的高兴。郑成功连忙叩头谢恩，然后又信誓旦旦地对隆武帝说："朱成功生为明朝人，死为明朝鬼！一臣不事二君，永远从一而终，决不食言！"

隆武帝收到这样的一员忠臣良将，愉悦之情溢于言表。并当即写下："忠君之心，日月可鉴。"隆武帝又降旨，将此八字制作镏金铜匾一块，高悬于郑府中堂之上。铜匾金光闪闪，满屋生辉，这也昭示着隆武帝对郑氏一家的浩荡皇恩。对于这件事，还有一个传说：说这件事之后没过多久，郑成功在吕祖庙睡觉的时候，梦见了吕祖神秘地对他说："功至延平，寿至砖城。"醒来后，郑成功觉得很迷惑，怎么也解不开吕祖这句话的谜底。尽管这个传说是神奇的，但郑成功后来被封为延平郡王，在台南赤崁城 (砖城) 逝世，却证实了这句话。这也许是后人根据郑成功生平业绩编写的一则传说。

此后的日子里，郑成功每每忆起觐见皇上的情景，兴奋之情便油然而生，久久不能平服。他满怀激情，步入宦途，踌躇满志，展望未来。八月六日，也就是他觐见圣上的第三天，他骑上白马驹登上云端阁，眺望着美丽的风起云涌的马江，心比海阔，仰视苍穹，志比天高。兴之所至，偶成五绝："只有天在上，而无山与齐。举头红日近，回首白云低。"

郑成功以此诗作为忠君律己的座右铭。他亲笔书成条幅悬于书斋

郑家有子初长成　雄心壮志昭日月

里，时常举目反思，伏首思过。隆武帝的宠爱和器重，使郑成功大为感动，恨不能披肝沥胆，以重振明朝。

　　然而，他的父亲郑芝龙一方面博得隆武帝的信任，一方面又与清军私下来往。而当郑成功看清楚这些的时候，心中也是非常的失望。这次和隆武帝谈话后，郑成功逐渐走上了一条与他的父亲郑芝龙截然不同的道路。郑成功之所以有这样的思想不仅仅是时势造就，还有他自身的经历和接受的教育的影响。因为，他与他的父亲郑芝龙当海盗求官职的经历不同，他自小就受到儒家忠君爱国的教育，不仅是大明名将之子，也是受皇上宠爱的忠臣。而郑芝龙有过天马行空的经历，已形成了进退都由自己打算的行事作风。但对儿子的教育，郑芝龙仍不能不教以忠君报国，教者往往出于形式，听者却在认真领受，这种矛盾导致了后来父子的决裂。其实，在崇祯末年的时候，郑芝龙曾经主持编修郑氏族谱。而在当时的形势下，除了宣传忠君报国积德行善外，也拿不出别的主张。当时郑芝龙给族谱作序时，大发议论，讲了一番做人的道理。他的意思是做人不能忘本，不能忘亲，不能忘君。他对子孙的具体要求是：今虔瓣一炷香，上告列祖，下勉我子孙，自今伊始，有力学显亲、国尔忘家、以光吾宗者乎？有廉能倡义，孝悌力田于乡里、称善于人乎？准附诸庙。不然者，匪类招摇，莩葭与滥，祖宗且以罪人视之也。虽位贵显，莫于吾庙溷焉。

　　但是，当初的郑芝龙的这些宣言和后来他的做法形成了巨大的反差，甚至是背道而驰的。可以说，郑成功后来与郑芝龙的决裂也是必然的。当时的这种家教与郑成功在南安县学中所学的完全一致，不能不留给他深刻的影响。当郑成功到宗庙拜祭时，面对祖先的神位，读着堂上"有一点欺，何堪对祖；无十分敬，漫许登堂！"的联语，这些

058

思想都深深刻在了他的脑海里。

当清军了解到隆武帝正在励精图治的时候，他们也越来越感到不安。于是，清军的探子曾向朝廷飞檄告急，说："皇上若不急发大兵南下，恐两王已定之疆土，非复朝廷之有也。"尽管隆武帝一心想光复明室，但是在与鲁王争执正统的同时，内部的政权争夺也是非常严重的。隆武帝虽为皇上，但几乎是傀儡皇帝，郑氏一族把持着军政大权。更为严重的是，郑芝龙拥兵自重，另有打算。他的目的不是向北抗清恢复明国，而是要挟天子以令诸侯，成为一方之霸主，并借此广置财产。在隆武年间，郑芝龙秉政数月便增置了仓庄达500余所。郑鸿逵为巩固自己的地位，向隆武帝进献美女12人。隆武帝不敢得罪郑鸿逵，但也从不亲近这些美女，只是把她们置于宫中而已。

正当此时，清军政权初定，同时也对南方的隆武政权虎视眈眈，并且随时会派大军进犯。为了恢复明室，争取主动，不让清军有喘息的机会，朝中有很多的大臣都进言把握战机，大举北伐。然而，此时的郑芝龙已经没有了当初的血性和斗志，而是一心只求安乐富贵，明哲保身。虽然文武官员一再要求北伐，但是郑芝龙总是借口粮饷不足而阻止。郑芝龙手握重兵而不愿出兵，显然心存异志。郑鸿逵也认为这样不对，但不能说服郑芝龙。他因而十分愤恨，甚至想出家为僧，后来因为不满，志不得伸就愤而隐居安海，不再过问朝中之事。

隆武帝是郑氏拥立的，说白了就像是傀儡皇帝，没有实权。虽然隆武帝有兴复明室的大志，但是也苦于没有军队实权。于是，每每饮酒微醉之处，无不流泪叹息。一天郑成功来到宫中，见到隆武帝的神色不对，便跪问其因。隆武帝说了他不能复国，甚感悲切的心情。郑成功此时已知他父亲郑芝龙并非全心复国，而是另有打算，感到很对不起隆武帝。二人为眼前的艰难形势下不能一展宏图，大感悲痛，不禁相持大哭。隆武帝问郑成功："汝能从我行乎？"郑成功说："臣从陛下行，亦何能为？臣愿捐躯别图，以报陛下。此头此血，已许陛下矣！"郑成功手中没有兵权，即使跟随隆武帝左右也没有多少作为，此时他已考虑"别图"，另寻报国的出路。即便是在这样的情形下，郑成功也丝毫没有退缩，而是尽自己最大的努力来保卫明朝疆土，抗击清军。他忠心可嘉，更没有辜负隆武帝的知遇之恩。在后来的抗清斗争中，直到他病逝，他一直没有投降清军。

第三章

父子离心失根基
终待残阳血染衣

郑成功受到隆武帝的赏识，并被授予要职，从这个时候起，郑成功就决心要抗击清军，捍卫明室。然而此时隆武政权实际上是郑芝龙当家。当清廷开始进攻的时候，郑成功虽一心抗清，但是父亲郑芝龙在暗地里和清廷通好，并处处阻挠郑成功的抗清斗争。隆武帝罹难后，郑芝龙携其他儿子和家眷投降清廷，而此时由于母亲田川惠子不愿投降而被清军杀害。经历这些之后，郑成功誓言报国仇家恨，从此走上了反清复明之路。

父子离心，郑成功抗清失利

清军在占领北京后，便开始向南方进军。而到了此时，只有隆武政权还能够和清军抗衡。因为此时郑芝龙的军队主要是水军，而清军一时难以在海上与之较量。然而，此时的隆武政权已经是内忧外患，虽然他一心想有所作为，兴复明室，却也是回天乏力。

尽管形势不容乐观，但是，郑成功的抗清决心还是给了隆武帝一丝希望。郑成功与其父迥然不同，隆武帝对他寄予很大希望，但是也有很多的顾虑。因为郑芝龙毕竟是郑成功的父亲，并且还手握军政大权。隆武帝登基后第一次议政的时候，郑芝龙就表现得非常跋扈，根本就没有将隆武帝放在眼里。所以，在后来的时间里，每每想到这件事，隆武帝总是心有芥蒂，而且一直心神不宁，寝食不安。当他一人的时候，竟时常感叹流泪。

后来，郑成功得知父亲在第一次早朝就对隆武帝颇为不恭的时候，也是深感不安，长吁短叹，情绪一落千丈。隆武帝知情后，要单独召见郑成功。郑成功知道隆武帝的心思，于是就很痛快地面见了隆武帝。

其实，此时的隆武帝也还是有很多的顾虑的，如果他袒露了心事，恐会引起郑芝龙的猜忌，弄不好还会有兵变。但是，无奈之下，隆武帝也只好尽力一试了。于是，看到郑成功之后，隆武帝就开门见山地问郑成功："众臣很敬重、也很仰仗你父亲，希望他为抗清复明的事业多做贡献；朕也很器重他，可是你父亲偏偏有负众望，言语之间显得很有抵触情绪。不知他能不能与朕共渡难关？"

郑成功说："启禀皇上，明人不说暗话，我父亲是靠不住的。陛下应早作计议为好。"郑成功的这些坦诚的话语，让隆武帝感觉到自己又有了希望，这让他顾虑了很久，又疑惑了很久的问题终于有了答案。于是，他又接着问郑成功："倘若你父亲一意孤行，舍此就彼，你该当何为？是弃父还是弃朕？"隆武帝见郑成功没有一丝一毫为其父遮掩的意思，敢直言其事，对他产生了期盼："你真能割舍父子之情，各行其是？"

郑成功斩钉截铁地说："一定能，非但能，而且是不惜身家性命捍卫大明江山。"

这次与郑成功之间的单独谈话，让隆武帝似乎又看到了兴复明室的希望。但是，在那个局势瞬息万变的动乱年代，仅凭一己之力，要想做成大事是不可能的。随着局势渐渐不利于抗清斗争，为了鼓舞士气，无奈之下，隆武元年（1645年）十一月十四日，隆武帝下诏亲征，命邓王监国，首辅何吾驺随营，命曾樱、郑芝龙留守，负责转饷，命郑鸿逵为御营左先锋，出浙江，郑彩为御营右先锋，出江西。郑芝龙为了避免众人的不满，便分给了郑鸿逵、郑彩各数千人，号称数万，从帝出征。但此时，清军南下的攻势非常猛烈。郑芝龙开始越来越明显地阻挠隆武帝与清军对抗的行动。兵法上说，"兵马未动，粮草先行"，但是二郑出仙霞关后，郑芝龙便推托粮饷不足而不再向前。此时的郑鸿逵驻在仙阳镇。尽管隆武帝发出檄文紧急催促，但是，此时的郑芝龙已经全然不听隆武帝的调配，多次催促无果之后，没过多久隆武帝率领的军队就陷入了困境。

不听调配，按军法当斩。郑芝龙倒是不怕这些，但是郑鸿逵却担心有人到福州向隆武帝报告实情。于是，他就下令严禁儒生从仙霞关出入。郑彩也以缺饷为由，出关百里又返回原地。郑芝龙不仅自己不肯出关，而且限制他认为是异己的力量。隆武朝中吏部文

隆武帝画像

选郎林垐，主管铨选，他认为此职是太平时期的政务，并非用兵之时的急务，于是便辞官募兵数千人，准备北上抗清，但遭到郑芝龙的多方阻挠。林垐被迫入山，并置备了一副棺椁和一袭布衣，大书"大明孤臣之枢"六字，以待死。

尽管郑芝龙不听调配，并且也不供应粮草，但是隆武帝的抗清决心一直不曾动摇。由于战事需要，隆武帝决定从汀州进入江西，于隆武二年（1646 年）三月初六从建宁府登舟，顺流而进，于十一日抵达

延平。然而，郑芝龙为了达到挟天子以令诸侯的目的，不愿隆武离开福建，因此坚决请求隆武帝回驾福京天兴府，他这样做也是为最后降清做工作。他鼓动了数万军民，遮道号呼，拥阻隆武帝的车驾，隆武帝被迫驻跸延平，就把府属作为行宫。此后隆武帝被郑芝龙束缚住了手脚，许多北上抗清的策略都受到郑芝龙的限制。不久，清军加强了对南明的进攻。五月初，清军进逼赣州，各路明军都不敢应战，纷纷溃逃躲避。不久浙东也被攻占。

明隆武二年（1646年）六月，清军攻克钱塘江防线，鲁王逃往海上，他的王公大臣也各奔东西，有的投降了清朝，有的投奔隆武帝以求苟延残喘。其实，按照当时的形势来看，隆武帝的军队主要擅长水战，而鲁王当时的实力也是比较强大的，如果唐王当时能和鲁王联合，全力以赴抗击清军的话，完全可以抵挡一阵子。古语说，唇亡齿寒，在这个危急的时刻，他们心中还是在想着争权夺势，而不是同仇敌忾，所以，这也决定了他们的必然灭亡。果然，没过多久，清军就实施了各个击破的战略，鲁王政权没有抵抗多久就灭亡了。很明显，鲁王政权一倒，接下来清军就会集中力量来消灭隆武政权了。而此时的清军士气正旺，攻战正酣，这似乎正预示着什么。

尽管如此，隆武帝的军队在当时也占有地理优势。因为在福建地区高山很多，多为不可轻易而过的高山和森林，是十分理想的天然屏障，可以说是"一夫当关，万夫莫开"。另外，清朝军队经不住炎热天气的考验，也不习惯在海上作战。郑芝龙的手下有许多精兵良将，还有一批训练有素的精锐水军，他们有坚利的战船，他据险而守，扬长避短，以水军迎战是可以有效阻击清军的。

但是，抗敌的大忌就是内部不和。人心不和就没有战斗力。郑芝龙本来就是一个投机取巧、唯利是图的小人，他拥立唐王不过是在当时情况下的一种投机行为，现在看见明朝大势已去，他又恐怕自己的财产被清军收缴和毁坏，因而不愿意离开他的安乐窝，更不可能去过从前那种漂泊不定的海上生活。所以，还没等到清军来收买他，他就主动派人和清军联络，并写信给清军的高官，声称自己对清朝向往已久，恨不得自己生在满族的家庭里，对清朝的治国方略和用人之道深为叹服，随时准备降清。于是，郑芝龙在这样的紧急关头，竟决定从北边全线撤兵，他决定抛弃隆武帝，退保老家安平。他已与清军暗中来往，对隆武帝只是阳奉阴违而已。

尽管隆武帝亲自出征，但是他也没有忘记留意郑芝龙的举动。当他知道郑芝龙的这些所作所为的时候，心中更是焦虑不安。

隆武帝亲征未果之后，便辗转到了汀州，从此心中更是惶恐。郑成功知道父亲的所作所为之后，心中也是非常的不满。有一次，郑成功去见隆武帝，见隆武帝两眼通红，十分愁苦，便跪下说："我知道皇上闷闷不乐，是不是因为我的父亲不能对大明朝尽忠呢？皇上，臣受国恩，义无反顾，必当以死报效皇上，拯救明朝。"那隆武帝听到这儿，脸上的愁绪略微散去，但对明朝和自己的未来并没有什么具体的打算，也不知该何去何从。郑成功这时把自己深思熟虑的《抗清条陈》呈上，其中列有如何控制险要地形的条目，还有如何水陆并进的计划以及和外国交往以增进国力的设想等具体措施。

正处在困境之中的隆武帝听到郑成功的这些陈述，心中不禁又燃起了一丝希望。想到自己出征却没有能够有任何功绩之后，转而又担忧起来。此时郑成功在他面前所表的对朝廷的忠心以及不与父亲同流合污的高尚精神深深地打动了隆武帝。随后，隆武帝立刻下令让郑成

父子离心失根基　终待残阳血染衣

功统领全体官兵。在郑成功接受封赏之后，没有太多的时间高兴，就带领官兵前往军事重地仙霞关。那时，仙霞关是一个三省交界的天险，纵使清兵有天大的本事也不能轻而易举地过关，况且这里有郑成功带领的精兵强将的把守。在郑成功到仙霞关之后，没过多长时间，哨兵来报，清军人马浩浩荡荡直奔关口而来。

这个时候，郑芝龙知道，隆武帝已经不信任他了。不然也不会派他的儿子郑成功去驻守仙霞关。其实，郑芝龙也担心儿子有危险，但却还是不肯出兵帮忙。而且由于他操控军政大权，所有的军饷以及粮草都是被他控制，所以，尽管是他的儿子驻守，他也没有供给粮草。不仅如此，他还派自己的心腹之人到仙霞关，想让郑成功撤军。郑成功见到使者时，非常愤怒地斥责说："现在敌人就在眼前，我军的粮草供应不足，原先说好的太师（指郑芝龙）供应粮草，怎么现在不仅没有粮草还要让我撤兵？"

面对这样的责问，使者显得非常害怕，战战兢兢地问道："将军，你们的粮草全用完了吗？"

听到使者的这话，郑成功顿时火冒三丈，说："难道我们要那么多粮食想给清兵吗？你来看看，我的夫人和仆人的首饰及贵重衣物都卖掉换粮了。"那使者一见，果然，郑成功的夫人都穿着粗布衣裳，身上也不见任何首饰。使者也不敢在郑成功面前说什么，只能连声说"是"，说回去上报太师多多送来粮草。其实，使者这是保命之策，因为他知道，再说下去弄不好就会被郑成功斩杀了。

脱身之后，使者匆忙赶回郑芝龙的营寨，这时的他已经被吓得魂不附体了，下马后就瘫软在地。见到郑芝龙后就立即跪在那里禀报说："太师的使命我没有完成。"

"他不肯回来吗？"

"下官根本就没敢说让他回来，否则肯定不能活着回来见您了。"

"这话从何说起？"

使者便把郑成功的情况一五一十地说给郑芝龙听。

听完之后，郑芝龙知道儿子和自己已经不是同路人了，心里也不知道是高兴还是痛苦，因为儿子都是谨遵了他的教导才有今天的做法啊。郑芝龙沉思着并且嘴里还自言自语地说："这个孩子这么固执，我不发粮，难道他们能空着肚子打退清兵吗？"

后来，郑成功又多次派人来要求发兵发粮，使者没有一次能见到郑芝龙，而此时的军情隆武帝已经知道得很少了。守关兵无粮，也就逐渐逃散了，郑成功同将士们死守仙霞关，最后还是无法抵挡清兵的强大攻势，官兵死伤无数，郑成功不得不退兵，回到福州养精蓄锐以图再起。

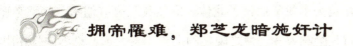

拥帝罹难，郑芝龙暗施奸计

由于郑芝龙的阻挠，郑成功虽然一心死守仙霞关，但最后还是因为没有粮草供应而暂时退守福州，以图再进。经过一段时间的准备之后，郑成功率领的大部队再次夺回仙霞关。形势虽然暂时稳住了，但是仍然不容乐观，还需要有长远的打算。

风平浪静地过了一段日子，有人向皇上禀报，称南京方面对郑芝龙催得很紧，洪承畴还暗中派人到了福建，来诱劝郑芝龙尽快弃明投清，说时间十分紧迫，毋庸迟疑，要当机立断，南京马上要出兵福建，横扫沿海内陆，到时候想投还投不成了。又有人散布说："若郑芝龙能把隆武帝的首级献给清廷作为见面礼，清廷便当即敕封郑芝龙为三府总兵兼监军。"

隆武帝听到这些禀报，深知郑芝龙投降清廷的决心已定，当前唯一可以依赖的将领就是郑成功了。于是，他立即宣郑成功前来商议。此时的隆武帝已经在汀州驻扎，而郑成功则负责守住主要的关隘，以挡清军。郑成功接到隆武帝的宣见之后，立即马不停蹄地赶到汀州面见皇上。其实，在来之前，郑成功的心里已经知道了一些事情。见到隆武帝之后，隆武帝免了君臣之礼，就拉着郑成功的手，将探子禀报的事情都一一地和郑成功说了。听完这些话，郑成功并没有感到惊慌，反而显得很镇静。

隆武帝说完后，心中甚是惶恐，郑成功说："陛下，不必太过担忧，切莫为了我父而伤了龙体。既然我父另有他图，就不必强求了。我父肯定会吃大亏，悔之晚矣的那天不会太远，说不定就在眼前！不过，我要尽一个做儿子的责任，回去劝父亲不要弃明投清。我去去就回，请皇上放心，不必多虑。"听完郑成功的这番话，隆武帝并没有感到轻松。因为他知道郑芝龙是一个很难听进别人的意见的人，并且在这件事情上，他更是知道要想让郑芝龙回心转意、一心抗清也是不太可能的。但是，事情已经到了这个地步，他也无计可施了，只好全靠郑成功了。此时的隆武帝双眉紧锁，满脸愁云，但还是故作镇静地对郑成功说：“事到如此地步，也只好如此。你速去速回，朕相信你，途中多多保重。”

身负皇命的郑成功在此刻更加意识到事情的严重性，他知道如果这件事情处理不好，很有可能明朝的江山就会毁在他父亲的手里。于是，他快马加鞭赶到父亲的营地，到了之后他才知道，原来父亲真的是想投降清廷了。为了尽快复命，郑成功连夜离开父亲的营地，飞奔回汀州。刚到汀州，他就赶紧面见隆武帝，并且对隆武帝说：“吾父投清铁了心肠，我也劝服不了他，还请皇上早做决断，不要因为我的父亲而影响了抗清大计。”隆武帝缄口不语，闷闷不乐，沉吟片刻后，叫司礼太监拿出一箱投降信札给郑成功看。郑成功看后愤然道：“请皇上降旨，将他们统统抓来治罪，以儆效尤！”隆武帝不以为然地摇了摇头，切痛地说：“抓别的降臣容易，难道你能抓平国公郑芝龙吗？”

郑成功斩钉截铁地说：“当然可以！乱臣贼子，人人得而诛之。古人云，‘忠孝不能两全’。我跟皇上铁了心肠，海枯石烂心不变。请皇上不必顾及我们的父子之情！”

隆武帝听完郑成功的话，立即说：“此事事关重大，而且你的父亲手握兵权。再说事情已经到了这个程度，欲投清的远远不止你父亲一人，如果此时都将他们抓来一并问罪，事情可能会更加严重。到那时，后果将会不堪设想。”

隆武帝和郑成功回到福州后没过多久，郑芝龙也从安平返回福州，虽然他表面上一如既往，从容不迫，心里却怀着鬼胎，时刻想着怎样保全自己。有一天，大臣都来上朝。隆武帝命人抬出一箱降书，当众打开铜锁，取出 300 多封信札。满朝大臣面面相觑，缄口无言，奋拉

父子离心失根基 终待残阳血染衣

着脑袋，神情颓然。隆武帝端正了一下坐姿，挺起胸来，用无奈的目光巡视着每个人的脸，然后说："我本来无意登基，自知德才都不配，都是诸位的一番好意把我推到这个位子，既然众臣力举，我只得顺乎众意罢了。自即位以来，朕一刻不敢懈怠，宵衣旰食，竭尽心智，为国忘我操劳，没过一天皇帝的生活。之所以如此，别无他图，唯愿上对得起列祖列宗，下对得起臣民，在国难濒危之际，尽力完成光复我大明江山的使命罢了。这里有三百余封通敌信件，都是关卡呈送上来的。朕不想知道内情，书信均原封未开，是为了不查明谁人所为。现在统统付之一炬，永不追究。从今以后，各凭良心行事。"隆武帝讲到这里停了下来，瞥了一下郑芝龙，见他垂首静听，其他朝臣也都一副无精打采的样子。隆武帝加重语气说："各位爱臣各凭良心行事，尽忠报国，论功行赏。朕平生爱才，凡朕身边的失节之人，只要他认识前非，不再干伤害国家民族的蠢事，回头是岸，朕绝不秋后算账，打击报复；但他若继续干那内奸外宄之事，我绝不轻饶!"

很明显，隆武帝这样做是为了让那些还想着投降清廷的人回心转意。隆武帝的这一招恩威并施果然奏效，朝中那些干过坏事而又要掩盖的大臣，见隆武帝这样豁达大度，莫不由衷地感激起来。就连心怀异念已久的郑芝龙在这个时候也感到有些悔意，甚至开始恨自己"鬼迷心窍，几度抗旨，有财不捐，有兵不发，不发军饷，以至军营哗变，对抗清复明造成了难以弥补的损失"。想到了这些，郑芝龙觉得自己确实有愧，于是他暗暗地自责后对隆武帝说："皇上，是微臣糊涂，杀千万次也抵消不了所犯下的罪孽。臣罪该万死。"说完这些话，他当着朝中文武大臣的面说："为了弥补罪臣的过错，臣愿意交出一部分兵权，望皇上恩准。"隆武帝听到这样的话，虽然心中有一些高兴，但是很快就又担忧起来。其实，他知道郑芝龙说交出一部分兵权，但是到底交多少，那还是郑芝龙自己说了算。仔细想想，郑芝龙的这个把戏很容易就能够看透了。但是，既然是郑芝龙自己提出来的，隆武帝心想虽然交出的兵权不多，但是也是有用的，于是就恩准了。这就算是对郑芝龙的惩罚吧，他明白除了这样做他也不能有更大的动作。随后，郑芝龙交出的兵卒拨给了郑鸿逵部和郑彩部，各三万人马。这六万人马是郑芝龙自己花钱养的兵中的一小部分。

郑芝龙的这招瞒天过海非常的高明，而隆武帝又何尝不知他的用意！此时的隆武帝已经深深地感觉到郑芝龙对他的威胁，于是，为了安全考虑，他决定离开福建，欲转战至广州，并让郑成功驻守仙霞关。明隆武二年（1646年），隆武帝择吉日登坛授将，将两枚将军印授予郑鸿逵和郑彩；又命郑成功随驾亲征，而郑芝龙仍留守福州。隆武帝的大学士张肯堂，在这个时候便把巡抚的位子让给了郑芝龙。张肯堂率军北伐，带了几只兵船到厦门，郑芝龙不给他军饷，而且不让他和隆武帝通消息。此时的郑芝龙暗地里与洪承畴打得火热。看到这样的情景，隆武帝知道再也无力支配郑芝龙。于是，他就派另一位大学士黄道周到江西去招兵买马。黄道周到了江西，很快便招了十几万人马，一路上和清军不断交战，打到江西与安徽毗连的婺源的时候，不幸中了埋伏被俘，后被清军所杀。得到这一消息，隆武帝非常悲痛，黄道周的死对他来说是非常大的损失，他的抗清大计又蒙上了一层阴霾。痛定思痛，隆武帝决定御驾延平，同时命郑鸿逵攻浙江，郑彩攻江西。此时，郑芝龙照旧不给军饷。在这样的局势下，将士士气低落，在与清军交战后不久，很多士兵都纷纷逃窜。不久，浙江也失守了。清军拿下浙江以后，乘胜追击，逼近仙霞岭。在这个时刻，隆武帝只好退

父子离心失根基 终待残阳血染衣

至汀州。

　　清军为了更快地攻下南方，用尽了办法。清军要想进入福州，首先就要经过仙霞岭，而此处的守将正是郑成功。郑芝龙知道，虽然仙霞岭易守难攻，但是清军志在必得。同时他也不想让儿子受到伤害。再加上洪承畴差人送清顺治帝手谕给郑芝龙，要他尽快降清，并以实际行动取悦清廷。在这样的逼迫下，郑芝龙就差人送信至仙霞关给郑成功，称其母病危。郑成功是个极讲孝道之人，当天便回到安平探母。而此时郑芝龙乘郑成功探母之机，命守关副将施天祥把仙霞关拱手送给清军驻扎在仙霞山山麓的队伍。郑成功得到仙霞岭已失的消息后，痛心疾首。此时在汀州的隆武帝也很快得知这个消息。因为仙霞岭是福州以及南方诸地的屏障，一旦失守，清军定当长驱直入。此后，隆武帝几日无食，数夜未寐。同时他对郑芝龙不再抱任何幻想，并为提防他使坏，移军湘西。皇上被迫迁徙，百姓仰颜而泣，跪地乞求他不要离开汀州。此情此景令隆武帝万分悲伤，他决定留守两天，以示皇上与民同受灾难，慰藉士民。然而，让他没有想到的是，他这一犹豫竟断送了自己的性命和南明的江山。当清军得知隆武帝在汀州后，便穷追猛打，很快就占领了汀州。随后隆武帝被俘，终因不愿投降绝食而死。

火焚儒服，誓言报母仇国恨

隆武二年（1646 年）八月二十八日，隆武帝殉难。就在这个时候，清廷以闽粤总督的官衔招抚郑芝龙，而郑芝龙接受了清朝的招抚，率领五百人到福州投降。

郑芝龙投降以后，本以为郑家可以免遭清兵暴掠，因而并无防备。哪料到他一离开，清兵马上涌进安平，烧杀抢掠，奸淫妇女，为首的清军将领，桀骜强暴，贪婪成性，手下非常的暴戾，一路扫荡，进入安平等地后，暴风雨般地蹂躏百姓、涂炭生灵。郑芝龙家也不例外。

当清军攻入安平县的时候，郑成功的母亲田川惠子正在内房为丈夫孤注一掷的降清行为而大伤脑筋，痛心不已，挥泪如雨。突然，一声惨叫从外面传来，她心惊肉跳，知道出了大事，连忙拿起手帕拭去泪水，还没待她振作起来，佣人哭喊着闯了进来，神情紧张地说："夫人，不好了，鞑子都闯进了城里，他们四处烧杀，马上就要到这里了，您还是先躲躲吧！"

听到这些之后，田川惠子却丝毫没有乱了分寸，正襟危坐，宛如大将临阵，有条不紊地指挥众人，赶快收拾行李和细软家什下船。一时间家里忙作一团。她先让郑芝虎、郑芝豹的家眷先行上船，过海门直奔马江去追赶郑成功和郑鸿逵的水师。她独自一人留下抵挡清兵。田川惠子这样做是有道理的，要知道郑成功的武功都是她教授的，并且她还曾经指点过一个徒孙。说她身怀绝技，一点也不为过。但是她从没有用自己的武功杀过人，所以这个时候她也有些顾虑。然而，今日无奈，她只得大开杀戒了。当清兵攻入她的住所的时候，她就与清兵打斗起来，不一会儿清兵横七竖八地躺了一地。然而，一拳难敌四掌，她一个人武功再高强，也难以抵挡这么多人，田川惠子终因寡不敌众，被清兵杀害。遇难前的她还一身凛然正气，声色俱厉地斥责清兵："此地是何处？你们竟敢擅闯郑府！"那个将领模样的人，一见田川惠子美貌出众，邪念顿起，先以下流语言戏狎，继而动手动脚。田川惠子气得浑身发抖。众丫鬟以身挡住清兵，将女主人围在中间。清兵得知她是郑芝龙的原配夫人，也不放过，分开众丫鬟，拽住田川惠子欲行侮辱，却被田川惠子举手掴了两个耳光，打得他眼冒金星。那家伙恼羞成怒，使出浑身解数与她又殴斗起来。最后她死于清兵之手，郑府片刻之间也被洗劫一空。

母亲身亡的消息很快传到郑成功的耳里。刹那间，国仇家恨酿成一团熊熊烈火，在他胸中燃烧起来。面对家乡，他指天发誓："此仇不报，誓不为人！"随后，郑成功点将挥师挺进，骁勇之旅如狂风暴雨般席卷而来。清兵见郑军锐不可当，于是纷纷弃城逃跑。

经过一番拼杀之后，郑成功夺回了安平县。夺城之后，郑成功将主力据守在城内，自己率一小股精锐骑兵直奔老家。郑成功火速赶到，却为时已晚，此时他心中淌血，泪流如注。走进家中，只见母亲躺在大厅中央，双目未瞑，两手攥紧拳头，手里还握着一块绢帛，郑成功取下一看，原来是血书："誓报国仇！"

看到此时此景，郑成功泪如泉涌，痛不欲生，大声叫道："母亲，恕儿不孝，没保护好您……"话没说完就昏厥过去。手下将士急忙救起他，劝说："将军节哀！"众人激愤，莫不咬牙切齿地喊叫："誓报国仇！誓报国仇……"一片复仇声响彻云霄。悲痛之后，郑成功痛定思痛，将内心的悲痛尽情宣泄了一通之后，为了弥补未能保护好母亲的终身遗憾，郑成功决定为母守孝，停尸七日。

在灵堂里，郑府的一切似乎都发生了变化。平日用来接待宾客的富丽堂皇的大厅，而此刻那些雕龙画凤的几案和红木做成的太师椅之类的摆设全被搬走了，整个大厅被一片素色围裹起来。孝帘是白绸制成的，招魂幡是白纸做的，灵位是白纸糊的，通明的灯光是白蜡点燃的，再加上守孝者穿的是白褂、白裤和缀了白条的孝鞋，头上扎戴的是白花，桌上铺的是白布等等，整个灵堂乃至大院内外，呈现出一派肃穆哀悼的氛围。高大的楠木棺材，停放在掌屋中央。棺材前置八仙桌一张。摆些供品，后立灵牌，牌上写着"故考妣田老孺人郑母之灵位"。一盏长明灯在棺材下闪闪烁烁地发出幽光。四周列着天神地煞和各路神仙的偶像。这里仿佛成了鬼魅世界。郑成功不分昼夜守在灵堂前，悲痛欲绝，泣不成声。当忆起昔日慈母的养育之恩，逃难时的厄运和困顿，更是痛心疾首。

此时的郑成功面对这么大的打击，心中早已是充满了仇恨。由于悲痛过度，几天下来他显得异常憔悴。郑成功看着母亲的遗像，不禁陷入了对母亲的回忆当中。他想起了 20 年前，那时候在日本平户喜相

父子离心失根基 终待残阳血染衣

院里，母亲给他讲授中日文化，他还在那里学会了中日武术，以及为人处世的道理。昔日慈母严师的形象呈现在他眼前。曾记得院子里翠竹婆娑，绿树掩映，菡萏满地，红蕖朵朵，赤鲤条条，互逐嬉戏。这些景致都是母亲精心设计置办的。每当皓月当空时，母亲领着自己来到院子里，给他讲中国的故事。母子二人，忆起亲人，常常是抱头痛哭。他们时刻忘不了祖国的亲人，期盼着回国。正当郑成功回忆这些往事的时候，突然被"梆、梆、梆"的声音给招了回来。原来是敲木鱼的声音，几下木鱼声响起，穿着玄青道袍的道士们装模作样地做起斋来。郑成功被这突如其来的木鱼声和继之起的钹声震颤了一下，惊断了回忆。他仰视门外的天空，发现阴霾密布，凄风骤起，电闪雷鸣，顿时大雨滂沱，如海啸山呼，天动地摇，却动摇不了郑成功抗清复明的钢铁意志。

国家的危亡，民众的苦难，父亲的投降，慈母的惨死，这一切都使郑成功心肺欲裂。复仇的怒火，更激励了他胸怀已久的爱国豪情，更坚定了他同清廷斗争到底的决心。

经历这些悲痛之后，郑成功更加清醒了。他认为，在这个战乱的年代，要想救国，要恢复明朝的江山，光靠读书是不行的。经过一番思考之后，他决计起兵兴师以报国恨家仇。这时的郑成功，不仅具有忠君爱国的思想，而且是敢于为忠君爱国而付出生命的人，已超出了许多清谈爱国的人。许多文人武将，此时都已向清廷投降。这一切并未动摇郑成功抗清到底的决心。

随后，他带着自己穿戴过的儒巾蓝衫，来到了文庙，要在这里与至圣先师告别。文庙是纪念和祭祀孔子的祠庙，每个读书人都要在此朝拜先师孔子。当年，郑成功考中南安县学为廪生时，就曾在这里拜领儒服。由于当时的县府设在丰州，孔庙也就设在本州镇旁。由于连年战乱，人们已无法安心读书，再加上这文庙处于山野之中，这时就更加显得荒凉、凄清。郑成功来到孔庙，泣不成声地祝告说："昔为儒生，今为孤臣，向背去留，各有所用，请先师谅鉴。"说罢，命人把带来的儒服点火烧着了，自己换上铠甲，佩上宝剑，义无反顾地慷慨而去，自此走上了抗清的武装斗争道路。郑成功与他的父亲彻底决裂了。他树起了"杀父报国"的旗帜。后世为了纪念郑成功，就把他曾焚烧过青衣、投笔从戎的文庙改名为"焚衣亭"。这座文庙的遗址至今犹在，它位于南安丰州路下村的魁星阁下。其左有一石坊，坊边有一株苍老的古松，相传此松植于郑成功焚青衣时。另外还有一座纪念碑，上面刻有文字，以志其事。郑成功不相信明朝的天下就此完结，他要凭自己的勇气和信心，团结反清复明的爱国志士，重振大明的江山。"焚衣亭"是他告别文笔走向武装抗清的转折点。至此，南国的抗清复明运动掀起了一波又一波高潮。

父子离心失根基　终待残阳血染衣

第四章

招贤纳士报家仇
壮言誓师抗清军

面对母亲被杀，国家被灭，再加上他的父亲郑芝龙又投降了清军并且成为人质，悲痛和仇恨充满了郑成功的内心。在这样的形势下，郑成功没有被击倒，随后，他就又一次勇举义旗，招揽贤才，以发展壮大自己的实力。因为他知道仅凭一人之力是难以成就大事的。在明朝的遗臣和天下的志士们都纷纷归附后，他又开始着手严明军纪，增强军队的战斗力。很快郑军就成为一支可以和清军抗衡的军队。此时，清廷开始实施诱降的计划，但是，郑成功早已看穿这些，清廷的诱降计划多次失败。

勇举义旗，另辟抗清阵地

郑成功厚葬了母亲，烧了儒服和庄园之后，走上了领导有志之士抗清的道路。其实，郑成功心里很清楚，自从与父亲决裂，分道扬镳之后，自己不断受到各界有识之士的褒扬，他也是众望所归。这使他更有决心、更有自信成为群龙之首去完成时势赋予的重任。于是，他勇举抗清的大旗，并且差人去把志同道合、立场坚定的叔父郑鸿逵、堂兄郑彩及甘辉、张进、朱益等人请来，商议今后的抗清复明的行动方向和目标。

很快，那些有着反清复明的共同志向的人士都相继赶到，比较有威望的就有几十人。看到这些有志之士，郑成功觉得报国仇家恨的时间不会太远了。他推心置腹地对众人说："今天请诸位来，是想议一议举旗大计。当前，鞑子悍然南侵，肆无忌惮，涂炭生灵，正值我们为国捐躯之时。既然诸位委我重任，那我就当仁不让，更不会贪生怕死，哪怕面对的是刀山火海，我也会率先冲锋在前。只有消灭鞑子，方有出头之日。为此，还请各位畅所欲言，献计献策，各抒豪情。"

听完郑成功的一番话，众人无不动容。这个时候，郑成功的叔父郑鸿逵首先开口说："愚叔甚感欣慰。有生之年目睹贤侄志向远大，愿为国毁家，匡扶社稷，并有文韬武略和驱除满人的雄心壮志，愚叔感到莫大的鼓舞。虽为老骥，但愿驰骋侄儿之侧，决不落伍，心中唯有我大明江山，洒热血，抛头颅，一切不足惜……"郑彩见叔父郑鸿逵率先倾吐了衷肠，颇受感动，于是也紧接着慷慨陈词："堂弟高瞻远瞩，弃小家而顾天下，舍功名而尚武道，弃父勤王，唯明室至上，这种精神委实令我感佩！愚兄虽不才，不能惊世骇人，但愿供驱使，永远追随，决不回首。"此时，郑成功的徒弟甘辉也显得坐不安席，快人快语地立下誓言说："佞臣倾覆国家，忠臣舍己挺身而出。这种精神可歌可泣。我辈无能，没有惊天动地的大才，但也绝不坐视旁观，愿追随英雄，赴汤蹈火勇往直前，决不后退一步。鞑子一天不灭，鄙人一天不下沙场；我将视为国尽忠、为明室守节、为百姓请命为天职。"

这前面几位都是和郑成功有着深厚交情的人，他们都表了决心，这让郑成功感觉更有信心和决心了。然而，郑成功知道，仅仅靠一腔激情是做不成大事的，他此时更需要有人来帮他出谋划策，以图长远。正当他在思忖之际，张进献策说："兴兵抗清，救亡图存，我张进责无旁贷。愿为举事成功，鞠躬尽瘁，死而后已。但唯我等几人难成大事。目下，招兵买马是当务之急，我愿担当此任。另外，已有的军队还需要整编。同时，要把我们的治军宗旨向兄弟们说明白，能留者则留，不能留者就发路费，决不强求，强求的兵不是好兵，尤其郑家军更应该是王者之师，与他军有不同之处，只有这样，我们才能够早日完成大业，收复河山。"张进的一番话让郑成功担忧的问题迎刃而解

郑成功

了。他就是需要这样的人。听完后，郑成功连连称赞。

经张进这么一点拨，在座的人思路就全被打开了。此时，坐在一旁的郑彩又接过话茬来说："南澳一带岛屿有不少闲散军人，以国姓爷的威望树起义旗，相信他们会闻风归附。因此，应预先作好收容的准备工作。另外，还须在沿海各大港口码头，建立营房，发动当地百姓参与，同时做好安抚工作，争取民心。还要大力宣传，争取各方支持，疏通兵源渠道。"郑成功闻言大喜，当即表态，将全部家当献给义军，作为军饷。郑鸿逵也当即捐资数万银两，并表示愿亲自赴厦门、漳州、潮州等地联络旧部，劝他们顾全大局，一同参与举事。甘辉、张进表示愿负责筹备举旗事宜。在接下来的时间里，一切事情都按计划顺利实施，颇有成效。当时，郑成功驻军所在的地方，当百姓听到国姓爷的复明大计之后，都纷纷前来献策。有一天，一个八旬老翁捋着银须，颤颤巍巍地来对郑成功说："国姓爷，老朽祝贺你举旗马到成功! 举旗之日送你四个大字。你宜作黑色旗一面。"郑成功笑盈盈地打躬问："请仙翁明示，哪四个大字?""弑父报国。"言讫，便不见老翁人影。郑成功甚觉诡异，心想：莫非青天白日见鬼了不成? 郑成功觉得这件事有些蹊跷，于是当叔父郑鸿逵联络旧部归来，报了喜讯，谓各部愿率军来助的时候，郑成功就将这件事情原原本本告诉了叔父。叔父听了大喜，认为是天意。郑成功叫人做了一面黑旗，旗上绣着"弑父报国"四个大字，并决定在起义的那一天将这四个大字与义旗一同悬挂在旗杆上。郑成功的此举立即招徕无数志士前来观瞻，看完之后，在场之人莫不赞叹郑成功大义灭亲的英雄气概，纷纷请求留在义军麾下做名士兵。旗开得胜，马到成功，郑成功义旗一举，应者云集。

然而，尽管开局良好，郑成功也深深地知道，要想长久地与清军

招贤纳士报家仇　壮言誓师抗清军

抗衡，仅仅靠这点军队是不行的。不仅如此，盘踞在这小地方更是不行，还需要有更大的抗清的阵地，只有这样，才会有更大的胜算和希望。于是，经过商议，郑成功决定去南澳诸岛。因为在那里有他父亲的旧部，有大量的舰只和商会，既是经营的理想商埠，又是军事要冲之地。名将黄廷坚、洪日麻、林久屿等将领，在郑芝龙降清时执意不从，率部占地为王。这个时候，得知郑成功举起抗清大旗，号令天下，他们纷纷率部前来归附，愿在"弑父报国"的大旗下做马前卒。不仅如此，还有昔日弃甲归田的将士以及逃散的兵卒，闻风后亦负枪荷刀纷纷赶来。一时间，归附者、投军者络绎不绝。数日之内云集在郑成功麾下的将士达数万之众。这种形势大大鼓舞、激奋了民心军心，连浙江巡抚卢若腾，进士出身的社会贤达费宏富、南安缙绅施朗、明末大儒吴学究、军界名宿司马德仁等也陆续投于郑氏麾下。一时间，郑氏集团实力大增。于是，时人激赏："成功振臂一高呼，天下英雄尽归附。"没过多久，各路人马聚集齐整。

在举义旗之日，郑成功就意识到必须要有一个巩固的军事基地，这样才能进可攻，退可守。金门、厦门两岛乃沿海重镇，据之可纵横南澳诸岛，退可雄视同安、漳州、泉州、潮州等地，只可惜现在这些军事要塞和经济重镇暂不归义军管辖。不过，那几个岛屿在郑氏家族的人手中。守将郑联，是个成天沉湎于声色犬马的乐天逍遥派。好端端的地方开发不出优势来，这还罢了；更坏的是他吃一看二，攘臂瞋目，肆取军饷，挥霍无度，引起部下的不满，并且曾经由此导致军营哗变。虽然终因郑氏军界势大，哗变被平息，但仍危机四伏。因此，几位部将向郑成功建议："既然郑联如此昏聩，何不夺其之地，作为我军发展基地。若不然，必坐视失之。失于他人，利人不利己也，而我们夺之，有理有据，有何不可！"郑成功听了不禁错愕，他的为人处世原则是与人为善，不到万不得已，不轻易伤及他人。何况郑联是自己的堂兄，夺他地盘之事更让他一时难下决断。洪日麻深知郑成功的为人，力谏说："不除郑联，厦门失守是迟早的事。别人夺去，郑联性命难保；我们夺来，尚可保他荣华富贵不失。两全其美之事，将军为何犹豫不决？当断不断，痛失良机，悔之晚矣。"郑成功礼贤下士众人皆知，他对洪日麻一番肺腑之言感激不尽，却仍踌躇不决。于是写了一封书信给郑联，恳求他并肩抗清，谁知郑联接信后置若罔闻，对郑成功的一片赤诚竟漠然不理。迫于无奈，众将劝郑成功再来一次大义灭亲。郑成功不得不痛下决心，发令夺取厦门等地。

当晚，皓月当空，皎洁的月华照临大地，使黑夜仿佛变成了白昼。海上风平浪静。厦门港埠市井热闹非常，到处是灯红酒绿、歌舞升平。酒肆里在猜拳行令；赌场上张胡子不认李胡子，强打恶要，唤爹喊娘，凄厉的声音，使黑夜战栗；街道里吆五喝六，乱哄哄一片；剧场里各种角色栩栩如生……万籁齐鸣，喧腾一片。郑联和他的军士们正各得其所，快活得如神仙呢。

这时，甘辉和张进各带五百人马，乘快船飞抵厦门港。岸上防务松懈，巡海船只泊在沙滩上，竟然无一兵一卒看守。甘辉、张进领兵登陆，竟无一人知晓。神兵直捣营房，郑联全军乱作一团，糊里糊涂地乱放枪炮。别人倒没吓倒，却把自己人吓了一跳。常言说得好：军中无大将，不如一缸酱。乱糟糟的军营，被甘辉、张进他们打得一败涂地。眨眼工夫，甘辉、张进的人马便夺了厦门港。夺了厦门后，郑成功大会文武官员，一一论功行赏。赏罚分明，令全军上下群情激昂。郑成功说："如今我们有了厦门作为根据地，抗清复明的事业更有保障了。从现在起，我们有了一席立足之地。我建议把厦门易名'思明州'。我们住在思明州里，就不会忘了复明的大事。"言罢，众将士纷纷赞成，他便委任郑擎宇为思明州知府，萧拱振为义军参军，甘辉为亲王镇，施朗、施显分别为左右先锋镇，张进、朱益分别为前后镇。顿时，厦门晴空万里，云开雾散，形势大好。军民喜气洋洋、大修工事、广筑碉堡、辟演武场，忙得不亦乐乎。义军从宣布成立之日起，不足半载，一个稳固的抗清复明基地便在风雨飘摇之时建立起来了。它雄视沿海，辐射内陆，作用之大，不言而喻。一个生机勃勃的局面出现了。作为义军领袖，并对救亡图存的全局负有重责的风云人物郑成功来说，这是何等的喜幸之事啊。由此，郑成功的抗清复明大业又进入了一个崭新的阶段。

随着战事的不断发展和变化，郑成功的队伍越来越大，清顺治五年（1648年）五月，郑成功统领林习山、甘辉等进攻同安。把守同安的清军将领是游击祁光秋和协防游击廉郎。二将集合步兵骑兵和九都的乡勇，抵抗郑军，双方大战于店头山。甘辉挺身出战，清军守备王廷的坐骑失蹄被斩，清军溃退。祁光秋与廉郎紧急抽兵入城。夜半二更，祁、廉与知县张效龄打开西门逃走了。第二天天一亮，城中百姓得知文武官员弃城而走，便迎郑成功入城。郑成功发布命令，安抚百姓，不许骚扰。郑成功命叶翼云为同安知县，劝说百姓捐献粮饷，以助军需；又命陈鼎为县学教谕，传告在学诸生，起义勤王。

清顺治三年（1646年）八月二十九日，桂王在广东肇庆被广西巡抚瞿式耜和两广总督丁魁楚等拥立为监国。参与拥立的还有检讨方以智、户部郎中周鼎瀚、肇庆知府朱治恫等人。丁魁楚担任东阁大学士兼戎政尚书，瞿式耜为大学士兼吏部右侍郎，摄尚书事。由于清军攻陷赣州，桂王监国政权于九月十日迁往梧州。这样，抗清的势力便又有了一个新的中心。但是，就在桂王被拥立为监国的那一天，另一位藩王也被拥立为监国，这就是隆武帝之弟唐王朱聿𨮁。原来，隆武帝殉国后，隆武朝东阁大学士苏观生和唐王朱聿𨮁、大学士何吾驺先后来到广州。这样一来，他们便与布政使顾元镜、侍郎王应华、曾道唯等先是立唐王为监国，接着于九月五日又拥唐王即帝位，改元绍武。苏观生被封为建明伯，掌兵部事，何吾驺等也被任命为不同的官职。这样就又出现了一个南明小朝廷。但是，在这个国家危亡的时候，这些明朝的大臣们却还是整天想着自己的利益，仍然不停地争斗。当时，丁魁楚等人不服，他们随即于九月十八日拥立监国桂王即帝位，改年号为永历元年。他们派遣兵科给事中彭耀到广州去颁诏，陈述按宗室谱牒辈分和称监国的先后，都是桂王在先，而且大敌当前，应同心协力，结果因激怒了苏观生，导致彭耀被杀。苏观生等甚至发兵进攻肇庆。鹬蚌相争时，清军进逼广东，进而开进广州，苏观生自缢而死，唐王逃跑被俘，也投缳而亡。

正当这两个政权相互争斗之时，清军挥军直下。唐王政权灭亡后，清军就又少一个对手，于是就更加猖狂地进攻。而此时的桂王政权已经无力和强大的清军抗衡了。危机之下，桂王永历政权逃往桂林，又从桂林逃往岳州，后又转回肇庆。曾跟着唐王向南逃的辅明侯林察从广东逃回安平。他向郑成功报告了桂王被拥立的经过。郑成功非常兴奋地说："吾有君矣！"这句话的意思很明显，虽然他想反清复明，但是威望显然是不够的，并且当时的势力有很多，如果没有一个人来约束和统领，那么，这些势力之间难免会有厮杀，到那时后果不堪设想。而此时，有了桂王，郑成功就可以名正言顺地领导这诸多势力了。

招贤纳士报家仇　壮言誓师抗清军

郑成功当即派陈思明、郑宏远为朝贺团首席官员，当天赶赴肇庆奉送朝贺之礼。永历帝大喜过望，敕封郑成功为威远侯，勉励他竭诚为明室努力作战。朝贺团返回后，禀明了圣旨。郑成功无比欣慰，立即召开高级将领会议传达永历帝的旨意，同时宣读了义军的治军宗旨和纪律。郑成功怀着喜悦的心情说："上有永历皇上的圣旨，下有诸位将领的支持和众兄弟的拥护、追随，我郑某甘愿做一名马前卒，冲锋历险在先，哪怕前面是万丈悬崖，也决不后退半步！"郑成功态度决绝，但面容蔼然可亲。他娓娓道来："惠城与金门隔海相望，是南澳的门户。因此，应先拿下惠城，威逼泉州、南安，为全面开拓闽南根据地创造有利条件。诸位意下如何？"

众将皆无异议。郑成功当即下令，命甘辉为先锋，率大军向惠城进发。甘辉领命，第二天便抵达惠城。城上乱箭齐射，战鼓擂响，城门大开，冲出一队清兵，为首的将领怒骂："来者什么人？胆子不小，竟敢来犯老子的领地！"

"鞑子，未闻爷的大名吧，告诉你会吓个半死！我便是威远侯、招讨大将军国姓爷郑成功的先锋官甘辉。你是何人？快报上名来，我的丈八蛇矛不杀无名小卒！"

"老子是惠城守将祈光秋部将王庭。"说完，王庭策马奔来。

甘辉将手一挥，怒吼："快滚回去，叫祈光秋出来受死！"

王庭大怒，抡起大刀便砍，使出浑身力气与甘辉厮杀起来。甘辉猛地一抽身，闪过了大刀，回身一矛搠去，王庭欲躲，但为时已晚，风响矛到，王庭立即人仰马翻。在城头观战的清军看到此种场景，无不吓得缩回了头。说到此，甘辉只用一个回合便轻取王庭首级，兴奋得手抖着长矛哈哈大笑。清军没有将领敢出来应战。甘辉士气大振，对着清军呐喊："甘某奉命前来收复惠城，愿献城投降者，可免一死！若不识时务，斩尽杀绝！"

祈光秋原来是郑芝龙手下的将领，投降后奉命戍守惠城。一听是郑成功来收城，他吓得浑身发抖。这时，郑成功率大军兵临城下，命甘辉火速攻城。祈光秋见势不妙，打开城门逃跑了。甘辉见守将已经逃跑，就没有再追。就这样，义军一兵未损便收复了惠城。随后，甘辉和郑成功立即挥师直逼泉州。张进领命驻守惠城。

当时，泉州守将是博洛手下的红人，名叫巴尔孜。此人擅长攻守，谋略与勇武兼而有之，尤其擅长射箭，臂力超群，说他能百步穿杨毫不夸张。他获悉惠城失陷的消息，断定郑成功必会来争夺泉州，故而提前做好了准备。郑成功、甘辉率军来到泉州城下，巴尔孜闭城坚守。随即，他从身边取一弓箭来，搭弓便射，"嗖"的一声将郑军的一面旗帜射落下来，相距有百步之遥。郑成功没被这小伎俩吓住，反而更威猛地下令攻城。城墙坚固，易守难破。义军虽数度猛烈攻城，但仍无法破城。郑成功正在思谋攻城策略时，忽然参军萧拱振来报军情。

萧拱振说，博洛一面向泉州派兵增援，一面暗派一路精兵急行军攻打惠城。博洛知道惠城只有张进的五千守城人马，又是一座孤城，易攻难守。军情十万火急！郑成功当即下令调水师急援惠城。谁知，水师来到石狮海域，却刮起飓风，船只受阻，贻误了战机。清军将广兵足，几乎两倍于义军。张进顽强抵抗，敌军屡攻不破。清军调来土炮数门，火力密集，轰城不止。城墙被炸开多处，清军潮水般涌进城内。义军终因寡不敌众，使得惠城再次落入敌手。

张进战斗失利，痛不欲生。但是，郑成功为了鼓舞士气，便对张进说："此城之失，非将军之错。要说错，是天不助我也，陡起飓风，援军途中受阻，一座孤城在强大的敌军攻击下，岂能不破？况且，你作战勇敢，运筹有方，在强敌面前毫不气馁、毫不畏战，敌人屡攻不下，也足见你英雄本色也!"

惠城失守，泉州也没有攻下，这让郑成功感到非常的担忧。

与此同时，郑成功为了朝贺的人的安全着想，便命令丘缙、林壮猷、金作裕三将守卫同安，自己率领大队舟师到东山 (即铜山)，等候永历帝的诏旨。江于灿等向永历帝拜贺后，又向他陈述了郑成功关于双方会同心协力恢复明朝的方略。永历帝派太监刘玉前往福建向郑成功宣诏。在郑军攻克同安之后，清军提督赵国祚得到消息，飞报总督转奏朝廷。清朝皇帝立即下旨，派遣佟鼐、李率泰、陈锦三人督师恢复各处地方。

得知清军的这些情报之后，郑成功感到形势十分危急。郑家军把守同安的将领丘缙等得到清军攻击同安的报告，马上与叶翼云、陈鼎商议防守的对策。叶翼云说："今新君登基，我延平王 (指郑成功) 志存勤王，以一城托我等，自当竭力御守。"随后叶翼云安排丘、林二将督兵守大盈岭，以阻挡泉州来的清军；金作裕把守芋溪岭，以阻挡漳州来的清军；同安城由叶翼云本人带兵把守。他们还通知郑芝豹在五陵出奇兵，从中截杀清军，以分散清军的兵力，同时他们又派人飞报"延平王"郑成功，请求郑成功回援。

清军将领佟鼐率军来到同安，丘缙、林壮猷列阵而待，被领旗黄有信带领的骁骑冲破。郑军三位将领又督军齐进，但因势单力孤，终难以抵抗强大的攻势。丘缙身中五箭，林壮猷独力难支，无奈之下，便退进了城中。金作裕听说丘缙、林壮猷战败，自己再空守芋溪岭于战局无益，便收军回返，与叶翼云、陈鼎分门死守同安。不久清

军对同安城再次发起攻击，城墙上的雉堞都削平了。城终于被攻破，丘缙、林壮猷、金作裕与清军开展了巷战，但终因寡不敌众而力竭战死。城破时，叶翼云被俘，押解去见佟鼎。叶翼云从容自若，与陈鼎一起被杀。

同安失陷的时候，郑成功正在铜山整顿船只，训练士卒，忽然接到叶翼云等从同安发出的告急请援文书，便立即率大队舟师回救同安。然而，天公不作美，海上逆风，航船难于驾驶，郑成功带兵五天后才抵达金门。而这时探军来报告说同安城已被攻破，诸将战死，叶、陈不屈被杀，全城惨遭屠杀。郑成功不禁放声痛哭。他设坛遥祭阵亡将士和被杀的军官、百姓，三军无不为之动情感愤。郑军不能再北上，于是便移师于镇海、铜山一带。

顺治九年（1652年），郑成功终于成为强大的郑氏集团的首领。郑成功经多年奋战，对外抗拒清廷势力，对内要和其家族成员竞争。经过多年努力，郑成功成为出类拔萃的人物；郑成功意志坚定，性格果敢决断，极其精明善虑，道德高尚。这些特点使他能公正地推行峻法严规，赏罚分明，对家族近亲、功臣高官或普通士卒，无一例外。对所定法规，他率先遵行，以身作则，因此获得部属的尊重和敬畏。郑成功能力超凡，性格坚毅，富有抗争精神，这使他在当时全国反清诸人物中脱颖而出。他是少数几个人中，甚至可能是唯一的能聚集仍然存在于中国南部地区反清力量的人物。在他的指挥下，一支经严酷训练的强大部队成长了起来。

郑成功成功地使他的支持者承担具体而又明确的义务：在他"管辖"的地区，他实行规范化饷税制度，分正饷、助饷、乐输等名目。在他的势力范围内，他是具有绝对权威的统治者。如果他认为有必要，他也和永历朝廷或其他效忠明朝的力量在意见、利益一致时协同行动，但也是在他的意志下进行的。而且南明小朝廷不在他的领地时，他也就不会卷入其内部的宗派争端。郑氏政权的结构具有独一无二的军事性质，无人能享有特权或额外待遇，其职权仅在其责任范围内。从"官僚机构"角度看，郑氏政权是一个极为有效的军事实体，其军队的组织更是如此。

郑成功的势力日渐壮大，但是经过这么多次的交战之后，郑成功依然感觉自己没有一个可以依靠的根据地。随着抗清斗争的继续深入，郑成功更是感觉到找一个进可攻退可守的阵地的重要性和紧迫性。后来，经过郑氏集团内部的商议之后，郑成功决定利用自己的优势，那就是回到海上来与清军抗衡。郑成功了解到满洲人实际上极少或根本没有海上作战的经验。在这种情况下，清军要想进攻，他们面临的第一个难题就是如何到达沿海地区。无论是要发动对扼守山隘的敌方哨所的突袭，或是停下来休整，恢复长途跋涉消耗的体力，清军都是处于劣势地位。即使到达了沿海地区，也很难守住已占领的地区。如果在当地合适的地区建立和保持牢固的长期性军事基地，则在经济上是沉重的负担，而且军需供应也成问题。

再者，闽南地区被崇山阻隔，不易从外省进入。而当地粮食无法自给，更遑论供给外来的军队了，组织长期的军需供应相当困难。南中国海岸曲折，到处是岬角，港湾和小岛，是走私和海盗活动的理想位置。如清军占领了某地而又军需不继，这意味着迟早还要得而复失，留给敌人。即使追击逃窜的敌人，也意味着要在海上作战和交锋，而这些对于郑成功来说，却是一种优势。

后来，虽然清廷多次派兵征讨，但是都无功而返，并且损失惨重，耗费也是十分巨大。经过数次交锋之后，清廷感觉要想一时消灭郑氏的势力，已经是不可能的了。于是，权衡之下，清廷选择了进行旷日持久的谈判策略，其实这也是一种缓兵之计。然而，清廷没有想到，这也给郑成功的军队提供了休整和扩张的机会。很快，郑成功在中国东南地区的势力达到顶峰。此后很长的一段时间里，东南沿海地区就成了郑成功的抗清阵地。

招揽贤才，立志收拾旧河山

郑成功勇举义旗，各路豪杰志士仰慕国姓爷的威名，纷纷前来投靠。这种形势让郑成功感到非常高兴。然而，郑成功知道要想增强自己的战斗力，积极扩充人数是远远不够的。在多次与清廷的较量中，郑成功感觉到军中并不缺乏猛将，但是论计谋论战法，军中实在没有这样的能人。郑成功读过三国，知道刘备在得到诸葛亮这样的谋士之后，才使得自己迅速发展起来，并且能够有所作为。于是，郑成功竖起了招揽贤才的大旗。

于是郑成功在训练自己的部队之余还不断地招兵买马，使自己的

招贤纳士报家仇　壮言誓师抗清军

力量不断壮大，以便以后和清兵决一死战。在泉州西门外潘山村的北面，有一座长约十丈的石桥。相传郑成功当年揭竿而起抗清时，曾经在这座桥上树旗设案，招纳各方贤士，所以附近群众就将这座桥称为"招贤桥"。

后来，郑成功率领的义军打了几次败仗，这更让郑成功清醒地认识到人才的重要性。郑成功为了招集贤士，就在古州孔庙前面的潘山一带，竖起"招贤"的旗帜，并命人在行人经常往来的一座石桥上，摆了一张方桌，桌上放着一只盛着清水的碗，碗的旁边放一把宝剑，一支蜡烛，一副火刀炻。郑成功亲自吩咐守候在那里的两个亲兵，只要看见有人过来动方桌上的东西，就立即前来禀报。

俗话说，万事开头难。虽然郑成功一腔热血，誓言反清复明，但是很多人还是心有疑虑。刚开始，很少有人前来问津。即便经过这座石桥的行人很多，但是他们也不知道这方桌上的宝剑、清水等物有何妙用，所以，看了一眼之后就又走了，并没有人敢动香案上的东西。又过了几日还是没有动静。一天，正当晌午时分，只见有一位挑柴的壮汉，大步流星地朝石桥走过来。这个大汉生得体格魁梧，气宇轩昂，不慌不忙地走近方桌前，把肩上的柴担子放在一边，对着桌上摆着的清水、蜡烛、宝剑等物观看沉吟了片刻，两道剑眉一立，便伸手抓起那把宝剑，把那只盛满清水的碗一剑击碎，接着又拣起火石，"咔嚓"一声，点燃了蜡烛。看到这个情形，守候的亲兵急忙去向郑成功报告。郑成功闻讯大喜，立即亲自前来桥头迎接大汉，含笑问道："请问壮士尊姓大名？"

壮汉回答："在下陈永华，祖籍同安，仰慕国姓爷威名，特地前来投奔。"

郑

成

功

郑成功又问："不知壮士以剑击水、引火燃烛，有什么深意？"

陈永华从容不迫地回答道："宝剑击碎清水，以喻'反清'；火石点燃蜡烛，以喻'复明'。国姓爷所寓深意，令人钦佩！"

郑成功一听，更加喜出望外，眼前这个挑柴大汉，果然是个才智不凡，志同道合的义士。郑成功不禁连声赞叹说："壮士有此胆识，何愁不能收拾破碎河山！"于是便将这位大汉招为军中谋士。

这件事有了一个开头，以后就越来越顺利了。在接下来的时间里，郑成功设案招贤的故事，便一传十、十传百，传遍东南沿海，很多爱国志士纷纷前来投奔。有一天，张进来营房向郑成功报告好消息，称投军者中身怀一技之长者不乏其人，其中有个名叫杨大文的汉子擅长制兵器。郑成功正在为兵器不足而愁苦呢，一听有此人就兴奋起来说：

张献忠西王赏功金质纪念币

"发现人才需要智慧，使用人才需要勇气。你两者俱有，足见你是当今伯乐也。"停了停，又补充说："你要为我军多收罗人才，并把它作为一项迫切的任务去完成。人才济济，才能事业兴旺，这是毋庸置疑的真理。埋没人才，是最大的损失！在义军中要坚决杜绝这种现象的发生。有一技之长者，不管是什么人，要为我所用，决不排挤；妒才者，将被视为我军的头号敌人，发现一个要严惩一个，决不轻饶！"

"是！末将会不折不扣地执行。"张进意犹未尽，又说，"此杨大文

招贤纳士报家仇 壮言誓师抗清军

不光会打造兵器，还很有民族气节。鞑子曾以高薪收买他，不成，又用强制手段逼迫他，他仍一件兵器都不给他们打。无奈，鞑子把他扔进大牢关了三载，他仍然一技不献。敌人气急败坏，一脚将他踢出牢门。正是此事激起了杨大文的义愤，他才来投了义军，并说愿为消灭鞑子打造天下最好的兵器。"郑成功听后非常高兴，指示部下：务必顺其心，尽其技。没过多久，杨大文果然造出了精良兵器，并且源源不断地充实到军营。他不但自己制造，还教出了一大批优秀的兵器制造家，为义军的成长做出了不可磨灭的贡献。后来，杨大文受到了郑成功的重用和嘉奖。

郑成功的这些招贤纳士的举动，引起了很多仁人志士的重视，于是，前来投靠的人越来越多。郑成功举义旗之所以顺利，发展迅速，推其缘由，是因他注重用人，真正做到了唯才是举。同时，他的行为顺应了民心，义旗才能迎风招展。因他顺应了历史潮流，田园隐士、社会贤达、深山高人、江湖秀才，莫不纷纷归附，为能投其麾下而感到荣耀。很快，义军队伍壮大了起来，看到这样喜人的形势，郑成功喜出望外，对前来投靠者来者不拒，盈盈笑迎，娓娓交谈，彬彬交往。他唯才是举，不论门第、出身、资历皆收罗重用，委以要职。

在招贤纳士的过程中，还有一个很值得一提的事情。当时有个隐士，姓江名山，号泰山真人，14岁中秀才，15岁与其父同中举人，只是生不逢时，遇天下大乱，科举中止，进士美梦难圆。但他满怀壮志，足不出户，两耳不闻窗外事，一心苦读圣贤书，因满腹经纶无人用，遂隐居泰山，远离尘寰，做了泰山真人已有十年有余。有一天，江山闻其父江河满罹难的噩耗，赶下山来，欲为父报仇雪恨。这江河满，早年投了义军，郑成功委其教谕之职，俩人朝夕相处，形影不离，颇为信任。清军犯同安城时，江河满勇斗顽敌不幸殉职，江山为报父仇来投义军。郑成功将其父之职授予他。江山却受而不任。这让郑成功有些不解。原来他一心想寻找到父亲尸体好安葬，故而化装成云游的和尚，打入清营。清兵见是僧人，都不在意，任凭他四处寻找。一天，他寻至城墙根，见父仰卧，浑身刀伤，双目不闭。他捐起就走，走不多远却遇着清军将领佟骤。此人怒目龇牙，如凶神恶煞，劈头便问："何人斗胆，竟敢在此佯装僧人？敢是以捐尸掩人耳目，实是探我军情？来人！给我拿下……"

"且慢！"江山不慌不忙，轻轻放下尸体，从容不迫，双手合十道，"贫僧化缘至此，哪知偶遇昔日有衣食之恩的施主罹难于此。生前不能报恩，死后应为其收尸，此乃天理良心耳。因此，乞求长官成全贫僧美意。阿弥陀佛。"佟骤斜目歪脖，双手反剪于背后，从前面看到背后，从头瞧到脚，左右上下，仔仔细细打量着江山，仍不敢相信，便喝道："分明是假冒僧人，编造谎言，诓骗本官，拿下问斩！"言讫，众兵卒一拥而上，亮晃晃的剑戟刀矛一齐架在他脖子上。

江山泰然自若，毫无惧色，兀自合十说："善哉，善哉，贫僧一出家人，安敢骗长官，擅毁佛门清规？长官不方便就罢了，何必诬陷无辜僧人？"

佟骤见他言行举止始终如一，无破绽可寻，又谦恭斯文，一副佛门慈慧之相，虽在众多兵器恫吓之下，仍神色不慌乱，遂信以为真，故而放了他。江山厚葬了父亲，带着杀父仇恨和清军的重要军事机密，回到义军军营。郑成功对他的突然出现，真有大旱望云霓的喜悦。

江山拱手致礼说："蒙国姓爷谬爱，封我教谕一职，我受之有愧。徒有虚名之人，岂敢负此重任，还望收回成命。若不嫌弃，我愿当个小兵。"

"兄台过谦。我今日得君，如鱼得水。有识之士与我肝胆相照，匡我不逮，乃我之福，不胜感激。我素有爱才惜才之嗜好。泰山真人是当代名宿，又是至孝之人，理当受到重用。况且兄台识大体，前来助我抗清复明，是我的造化，是苍天的恩赐，实乃大幸也!"说完，二人抱拳在胸，礼毕，分宾主而坐，兴致勃勃地纵论天下之事。一个娓娓而谈，一个侃侃而论，甚是投机。郑成功被泰山真人博大精深的学识所震撼，激动地说："兄台平日熟读兵书，尤谙政史，深识玄机，且娴于辞令，纵论精辟，所言之事均深中肯綮，不愧是卧龙再世。恕我妄称——刘备拜诸葛何职?"

"不敢接受军师一职，鄙人才疏学浅，实不堪当此重任。"泰山真人执意不就。然而，郑成功的金口玉言不容收回。泰山真人见郑成功一片诚心，这才起身，叩首说："吾无才无德，无半点功劳，侥幸获此重任，唯恐众人不服……"郑成功连忙将他扶起说："军师德才兼备，经纶满腹，智胆无双，军师一职，非你莫属。"

泰山真人接受封职后，对郑成功说了四句话："通洋贸易，疏通财源，光复台湾，扬我军威。"郑成功大喜过望，把四句话简括成四字方针"通疏光扬"，并以此作为义军行动纲领，亲书成条幅悬挂于书斋里，作为座右铭。泰山真人这个军师竭心尽力的为郑成功出谋划策，立下汗马功劳。

当时，金门岛被五个海盗盘踞着，他们自诩是绿林好汉，人称其为"金门五虎"。当地百姓恨透了他们。这"五虎"是李傲、杨康、朱雀、龙飞、马腾。他们专门网罗地方上的流氓恶棍，为非作歹，横行乡里，无人敢惹。郑成功早有收服他们的意思，由于形势所限，迟迟未动。

　　这一天，军师泰山真人似乎是看出了郑成功的心思，于是就向郑成功献计说："先放风出去，说义军要强攻金门岛。"这是军师首次出击，但是郑成功非常相信他，于是就采纳了军师的计策。很快，义军攻岛的消息传到五虎之首的李傲耳里，听到这样的消息后，他感到很震惊。李傲是五虎之尊，大小之事均由他领个头，众人都听从他的号令。此番当然也由李傲发出邀请，"五虎"聚首一处，共商对策。军师早就想到这一点，于是，又向郑成功献计。郑成功又依军师之计，给李傲修了一书，差人快船送至金门岛。信上写着：

　　李傲兄惠鉴：先允我一拜。时局濒危，祈尔与其他四位兄台以国事为重，共举义旗，光复明室，此乃为光明正大之道。献岛者不分彼此，立功者上报重奖。时下，义旗猎猎，尤思虎将增辉。郑某爱才如命。切勿贻误良机。

郑成功顿首

永历孟春吉日

　　李傲接信后，"五虎"相递传阅。杨康阅毕骂说："郑成功这小子，如意算盘打到老子头上来了。他也不睁开眼睛看看，我们'金门五虎'是何等人物！岂肯与那无孝悌之心的人为伍？"

　　"信中说了什么？"朱雀一面问一面从杨康手中接过来信。

　　"你自己瞧好了。"杨康将信一扔。看完后，朱雀发表议论说："凭我五人之大名，谁个不怕？郑成功当然心中明白，故而以高官厚禄引诱我们。我等当然不会上当。依我之见，宁可落草为寇，也不可当亡国之臣。"

　　这些草寇，虽然有些势力，但终究是一群乌合之众，说话做事全

招贤纳士报家仇　壮言誓师抗清军

由着性子来。听完其他几个兄弟之言，这个时候龙飞攘臂嗔目，怒气冲冲地说："郑成功不知天高地厚，举什么义旗！当初，仅凭一腔热血，孟浪从事，弃父自立门户；如今，知道日子不好过了吧，竟把主意打到我们头上来了，可见不自量力。我们'五虎'的声望，威震金门，连他老子也得让我们三分，何况他郑成功还是个初出茅庐的小子，也想挖空心思来骗我们五兄弟？"

在这五虎之中，刚才这三人都是一介莽夫，没有什么智谋。在这次商议中，三人各有说辞，而李傲、马腾却默然未语。会毕，各自散去。李傲与马腾并肩而行。他俩是儿女亲家，二人交谊更深一层，所言无忌。李傲说："如今郑成功声名鹊起，非等闲之辈，其手段远胜于其父。而且义军来势之猛，空前绝后，不可小视。你我据此弹丸之地，势单力孤，岂可与强者硬碰？依我之见，我们迟早会被郑成功吞并，如果是这样，我看迟降不如早降。如今，郑成功是先礼而后兵。况且，他真心邀请我们一道抗清，这是给我们一个体面的台阶。我们何不趁此良机靠拢他？常言道，'大树底下好乘凉'。归顺以后，总比如今焦头烂额地硬撑着这个混乱局面要强啊。亲家你有什么看法呢？"马腾说："亲家见多识广，所言极是。我愿与大哥一道投奔郑氏麾下，不知大哥准备何日动身？""事不宜迟，早则主动，迟则生变。"李傲说完，将手一挥，示意马腾立即行动。马腾会意，径直回去了。

随后，李、马二人各自率部直奔郑成功营房。早有人来报告，郑成功大喜，令部下出营迎接。全营将士列队夹道欢迎。郑成功站在队列之首，等李、马二人率部来到，拱手致礼说："幸会！幸会！"

郑成功走出队列，左手挽着李傲，右手挽着马腾，亲如兄弟，一面走一面寒暄，来到帷幄中央致辞说："二位将军莅临，蓬荜顿时生辉。我代表义军对李将军、马将军的到来表示热烈欢迎！二位将军真是爽快人，办事如此雷厉风行，昨日去信，今日即光临，这种果断作风甚合吾意。"

"卑职早闻李将军大名，尤其李将军水性极好，能潜水数日，如鱼在水，真奇才也！"

"马腾将军亦天下皆知，处事果断，具有雄才大略。二位将军的到来，无疑为我义军增添了一支劲旅，为壮大抗清复明的声势助了威。我郑某有幸，得天下奇才而用之，尤其与二位将军不期而遇，更是锦上添花。"

说完话，郑成功又各赠黄金百两，绸缎二百匹；又委任李傲为水军正参军之职，马腾为副参军之职。二人感激不尽，立志要报知遇之恩，于是，自告奋勇去劝那"三虎"来降。然而，谁知那"三虎"死活不肯。还把李、马二人骂个狗血淋头，并扬言要联合清军消灭郑成功。"三虎"不吃软，郑成功感到非常为难了。军师泰山真人劝说："君子重仁，但对小人岂能以仁治之？务必以其人之道，还治其人之身，方可奏效。"郑成功听军师之言，提兵五千直捣金门诸岛，欲除"三虎"之害，为百姓报仇。义军直逼杨康巢穴，但见其防务甚严，刀枪林立，旌旗蔽日，战鼓阵阵，杀伐之声数里之外可闻。

郑成功在运筹良策，伺机出击。忽见一人跃马持戟，往来驰骋于阵前，十分威武。"真好个骁勇之将！"郑成功激赏，无疑又动了爱才之心，问李傲："此乃何将？"李傲以手遮阳，审视良久后说："此将便是杨康之子杨大海的拜把兄弟栾顶天。此人凶悍无比，有万夫不当之勇。"郑成功心里盘算良久，然后命令退军十里扎营。有人

招贤纳士报家仇　壮言誓师抗清军

不解地问郑成功，为何退兵？是害怕此人吗？当然不是，郑成功是想到正是用人之际，如果能够将这员猛将收到麾下，为郑军所用，岂不是两全其美。

于是，等到第二天，栾顶天、杨康又率兵寻至郑营厮杀。郑成功亲自出迎。李傲怕有闪失，紧随其后。敌阵严整，但见栾顶天盔甲锃亮，威风凛凛，纵马挺戟，飞至阵前。杨康紧随其后，手指郑成功大骂："社稷不幸，竟出了你这个乱臣贼子，打着救亡图存的旗号，四处招摇撞骗，为非作歹，致使万民涂炭。汝无点滴之功，安敢妄称招讨大将军，打着义旗肆意践踏，乱我大明纲纪？是可忍，孰不可忍！我正要出兵讨伐，你却送上门来找死。"话音一落，栾顶天飞马直杀过来，势如蛟龙出海，威不可当。众人莫不称奇。郑成功有心招揽天下奇才，故不愿加害于他，因而策马便走。李傲见栾顶天骁勇异常，为保郑成功的安全，挥军掩杀，拦住栾顶天的人马。郑成功佯败，退出阵地，然后，郑成功聚众商议："栾顶天人才难得，若得此人，我军如虎添翼。若杀了此人，实在太可惜。谁能诱他来投，我定有重金嘉奖。"众人中走出一人来，郑成功一看是朱益。朱益说："国姓爷勿忧，在下昔日与栾顶天有交情，交往甚深。末将可引他来降。"

"你有何妙计？"郑成功望着朱益，"不妨说来我听听！"

"我闻国姓爷有个义女美若天仙，若以此女许之，再赏黄金若干，我便有八九分的把握。但不知此计可中国姓爷的意？"郑成功沉吟半晌后说："此计好是好，却不知我义女如何想。"

"据说你家义女是至孝女子，义父之言岂有不听之理？况且，又不是贱嫁，栾顶天也是天下美男子，他的才华就不必说了，这样的门户难道不相配？"

郑成功此时没有更好的办法，并且他又求才若渴，于是采纳了朱益的建议。郑成功便将此事交予朱益来办。第二天朱益便带着礼物，径奔栾顶天大营。刚刚踏上防区，守兵就将他截住，不让他进去。朱益知道哨兵是要银子，连忙塞给他一锭纹银。那人笑纳，转身回禀去了。不一会，栾顶天亲自来迎，一见朱益，喜不自禁，快步上前，拱手说："久违，久违！今日是什么风把贤弟吹到这里来了？一别数载，未曾相见，如今突然现身，贤弟必定有教于我。"

礼毕，二人携手步入官邸。栾家豪宅金碧辉煌，奢侈糜费的生活，又令朱益顿生疑虑："这么舒适的生活他肯舍弃吗？郑成功的官邸还不如这呢。"这么纳闷着，但没过多久，朱益又想："既然来了就得不辱使命，待我试他一试。"正准备开口，栾顶天倒先声夺人："贤弟适才说有求于我，是为何事而来？"

"常言道，明人不说暗话。"朱益直言不讳地说，"愚弟早闻兄台有心匡扶明室，有大展宏图的志向，令我钦佩，并转告了国姓爷，他闻后大喜，当即派我来向你说明诚意。"

"兄台不可多疑，"朱益进言，"郑成功确是人间君子，极其爱才，为得到你他愿把有倾城倾国之貌的义女许配于你，还许愿赐你高官厚禄。若能应允这件事，我包兄台飞黄腾达。到那时，仁兄就有享不尽的荣华富贵。你想想，在这个小岛上过着与外界隔绝的生活，何其寂寞。这倒罢了，尤其是杨康这个嫉贤妒能的人做你的上司，你能有多大个出路？无非就是一辈子屈就在他的手下，做个无名小将而已？论你的德才远远在杨康之上，你何苦要死心塌地跟着他呢？"栾顶天双目游离着，时而看看天花板，时而看看窗外的景致，默不作声，心里却在激烈斗争。朱益趁机又进一言："机不可失，时不再来。当断不断，后悔莫及。"

栾顶天沉吟着，显然，被朱益的美人计诱惑得开始心动了，他迟迟疑疑地说："贤弟不会是看我年长了还未成亲，故意以美女来捉弄我吧？"

朱益说，"我敢拿我的人头来打赌，绝代美人只待你去洞房花烛。若是戏言，你割下我的人头再走不迟。国姓爷绝不会强留你，这是他用人的规矩，我相信你也有所耳闻。"

"如此说来，贤弟是真心爱我，事成之后，该当何报？"

"说什么报不报呢？只要你过去了，日后沾光的事少得了我么？"

"郑成功如此看重我，"栾顶天不无忧虑地说，"我只恨自己不才，唯恐有负厚望。"

"兄台不必多虑，愚弟无才无德，照样不是还封了个先锋镇吗？况且，国姓爷对你的才能早就倾慕不已。时下，你若能弃暗投明，必定前途无量。"栾顶天沉吟说："鄙人无点滴功劳，安好归附？""如今，正是立功的良机，"朱益放低声音说，"只怕你念旧情，一时下不了手，杀了杨康，功莫大也！"

"好！就这么定了。今晚三更我率部来投，请按时接应，一举消灭杨康！"栾顶天果断地说。这天夜里三更时分，郑成功提三千雄兵来袭杨康军营。黑黝黝的岛屿，沉沉地酣睡着，唯有虫子还在不知疲倦地尽情咏叹着。兵家最喜爱的不是良辰美景，而是天时地利人和。郑成功小心谨慎地挥军向前，很快逼近杨康营区。栾顶天早做好了投诚的准备，一见郑成功的人马就打开营门出来迎接。

杨康正在书斋里背诵《孙子兵法》呢，他一心想做个军事家，尤其喜好神机妙算、用兵如神的韬略。看着看着，他就入了迷。忽然。

他听见门外有脚步声，便举灯来看，刚一开门，冷不防被方天画戟戳了个对穿，肠子、鲜血一齐迸了出来。不久，龙飞、朱雀已获讯杨康被杀，余部被郑成功收编，知大势去矣，无力挽回，带着喽啰投清军去了。"五虎"的势力瞬间土崩瓦解，大快人心。郑成功平服了"五虎"，又马不停蹄率大军东征西讨，威震南疆。受尽了惊骇、掳掠的百姓莫不感激，说："我们之所以能安居乐业，多亏了国姓爷给我们撑了腰，做了主，才有今日。国姓爷就是好！义军不管到哪里，都秋毫无犯，连鸡鸭都不少一只，古往今来，哪有这样的好军队！我们拥护，全力支持他铲除海盗和鱼肉百姓的恶霸贼子，为光复明室尽绵薄之力。"

豹尾屿、马蹄岛、蛤蟆滩的百姓获悉"五虎"被郑成功收服或驱逐，人人欣喜不已，纷纷给郑成功写信祝贺，并请求他出兵剿灭当地土匪恶霸。郑成功收信必复，寅时能出兵，决不等到卯时，暂不宜于出兵，则给个说法，给百姓撑腰壮胆。百姓视郑成功是妈祖再世，并写诗赞道：明朝英雄数成功，豪气冲天贯长虹。剿匪戮贼苍生计，恤民精神妈祖风。这时的郑鸿逵，正屯兵于惠州，偶闻郑成功顺民心遂民意，挥军为民除害，不胜感佩，写信勉之道："……匪贼同流合污，伤天害理，使民不聊生，举目惨状不忍睹。若不痛歼之，何为保国安民之臣！虽然，老朽不才，却不愿坐视社稷混乱，苟有驱使，奉命即至，助之以绵力……"

收到叔父的来信，郑成功内心十分激动。在随后的很多战役中，由于郑鸿逵及时援助，义军剿击之势更加强大迅猛，连克数座岛屿，歼敌上万之众。在此时又得清军将领万礼乘率部来投，更极大地鼓舞了义军士兵们的士气。郑军日益壮大起来，义旗所向披靡，无坚不摧，无敌不克，大长了义军的志气，大灭了敌人的威风。郑成功从勇举义

招贤纳士报家仇　壮言誓师抗清军

旗到现在的强大，不仅依靠他的军事才能，更主要的是他懂得招贤纳士，善于用人。

 严明军纪，郑成功治军有得有失

前期的招贤纳士工作已经做了不少，但是，如何让这些来自各方面的人能够团结起来，形成强大的战斗力也是一个大问题。郑成功和众谋士商议后决定，立即开始整饬军队，严明纪律。

顺治十二年（1655年），在厦门港南普陀寺前的广场上，郑成功修建了一个约500平方米的演武练兵的演武场，又命工官冯澄世在厦门港院东澳仔岭之交修筑演武亭楼台，为郑成功住宿和教练观兵之用。郑成功经常不分日夜在演武场上督操，教练官兵，教授士兵演习五梅花操练法、各阵合操法等战术，训练极为严格。他还训练出一支"铁人"劲旅，他们武艺精熟，膂力过人，头戴铁面，身披铁臂铁裙，手执砍马大刀，并佩戴弓箭，号称"铁人"。作战时三人一组，一兵执团牌保护其他二人，一兵砍马，一兵砍人。"铁人"弓法娴熟，弯弓射箭能很远命中。这支英勇善战的"铁人"，在后来收复台湾的战斗中，给荷兰侵略者以沉重打击。

不仅如此，郑成功在演武亭旁还修建了一个演武池，作为训练水师和停泊军舰之用。演武池呈半圆形，面积很大，出口通往大海。水师是郑军的骨干力量，对水师的选拔训练，比陆军还要严格。水兵的选拔条件是必须熟习水性，惯于海上生活，能耐风涛颠簸之苦。据说，郑成功训练水师时，命战士们下海，手拿大刀或铳枪，游水进退，水只能淹到腰部，不能齐胸，要求水兵不仅要会游泳，而且要有相当好的游泳技能，否则不得入选。

水师的大部分官佐是郑芝龙旧部，他们有着丰富的海上生活和作战经验，水师将士以漳、泉、潮、惠沿海一带人居多，经郑成功严加训练，成为一支强劲的海上舰队。当时的西方传教士说："国姓爷握有大量船舶，由他指挥的强大海军所树立的威名，使邻近海岸一带为之震动。"

郑成功在攻下了许多城池之后，便将金门和厦门作为抗清的又一阵地，并且以此为根据地开始操练军队。郑成功看到当时明末军令废弛，武备不修，兵将分离，形同乌合，不堪战守等现状，深感痛心，他知道要想让义军能够与弓马娴熟、兵力强悍的清朝八旗劲旅相抗衡，就必须要认真加强军队的管理与训练，改革军务弊端，只有这样，才有可能打败清军，实现反清复明的大计。为了改变现状，他先是健全军队组织，完善编制。他承袭明朝军制，建立前后左右中五军，作为战斗的主力部队，每军设提督一名，负责军事指挥。每军有五镇，分别设镇将一员；每镇有五协，各设协将一员；每协设五正领，十副领，每副领管十班；班设班长，每班 50 人。在厦门共建陆军 72 镇，水师 20 镇。各镇用中协作预备队，前、后、左、右四协配置相等兵力，战时不管受任何方面敌人的进攻，都可有充分兵力进行攻击或防御。在各协中有刀、牌、弓箭各兵种，相互配合作战。水师除水战士兵外，每大舰另配陆军兵士 40 名、中舰 20 名、小舰 10 名，以备登陆战斗。除五军之外，另设左右虎卫镇，也就是郑成功的亲军，行军出征，随郑成功同行，护卫左右。虎卫镇的兵将都是由郑成功亲自在各镇中经过严格挑选的武艺精熟者组成，是郑军中最精锐的部队。

不仅如此，郑成功还在这些基础上有所创新。当时，郑军中还设有类似政治工作的人员，称监营，每军设总理监营一员，左右协理监营各一员，各镇设监督监营。由总理监营统管大小监营，行军作战随同提督统镇一起出征，负责参谋、情报、军纪等工作。全军设置总督五军戎政，主持召开军事会议，制订作战计划，是类似于总参谋长性质的官员。另设监纪、饷司，分别负责各提镇军法、军需等工作。他们在名义上附设于各提镇，但又自成系统，不完全受提镇控制，遇重大军机要事可以随时呈报，对提镇起着监督的作用。这种分层节制的严密组织，有利于贯彻全军的作战指令，使指挥权更加集中，更加增强了军队的统一性和战斗力。

关于政治建设方面，郑成功在以金门、厦门为根据地后，漳州、泉州百姓聚拢而来此的日见其多，因此百姓的生产、生活管理等事日趋繁杂，于是郑成功在顺治十二年（1655 年）春，在中左所设吏、户、礼、兵、刑、工六部，分掌地方行政和民政事务。为了招纳明室旧臣、缙绅，培育阵亡将士的后代，在设六部之后，又设储贤、育胄二馆。储贤馆招纳明室旧臣和文人，及闽浙一带的缙绅。让他们入馆协助六部办事，或外派军中为监纪、通判，使人才得尽其用。育胄馆是郑成功为培养和抚育死难将士和官员子弟而设的育才机构，不仅在生活上

给他们照顾，而
且严师教导，使
他们得以成才，
作为各级官将的
后备人选。由此
可见，郑成功文
韬武略，卓有见
识，是南明政治
舞台上文武双全
的一位优秀人物。

郑成功受降图

关于经济建设方面，为了坚持长期抗清，必须有充裕的财政和经济力量做后盾，以解决军事物资及粮饷开支等问题。郑成功明确提出"以商养战，通洋裕国"的主张。早在顺治三年（1646年），郑成功向隆武帝所上条陈中就提出"通洋裕国"，即发展海外贸易的建议。他的父亲郑芝龙是东南海上武装商贸集团的首领，郑氏家族在经营对外贸易方面有长期历史和丰富经验。所以发展和扩大外贸是郑成功"以商养战"的中心内容。

郑成功大规模经营国内外贸易活动是以厦门为根据地的，1650年，他采纳部将冯澄世的建议，委派户官郑泰和洪旭负责对外贸易，下令建造航海大型商船，航驶日本和东南亚诸国。为了取得外贸货源，他又分山、海两路，各设五大商栈，一面向内地收购原料和商品，一面贩运东西两洋货物。郑成功并不垄断对外贸易，而是在派官员专门经营的同时，也允许其他"散商"参加，往往借资本给"散商"，鼓励他们从事外贸经营。一些向郑成功借贷资金的商人，自愿为他做耳目，搜集政治、军事情报。郑成功的通洋经商收入据估计每年有数十万元，在相当程度上解决了军械、粮饷的需要，同时还有利于侦察敌情，协助军事斗争。

郑成功以商养战的思想，在实践中取得了很大成果，为抗清和后来驱逐荷兰殖民者在财力、物力上准备了比较充分的条件，同时对于中国当时商品经济和沿海一带资本主义萌芽的发展都起了一定的促进作用。

前面所说的这些方面都是郑成功治理军队的基础和延伸，郑成功知道，要想让自己的军队真正地成为一支王者之师，仅仅靠操练士兵还是不够的。因为当时郑成功的军队中有来自各方面的士兵，甚至还有海盗等。要想让这些士兵都能够听从统一的指挥，形成一支纪律严明的军队，就必须要严明军纪，制定严格的军队纪律和奖惩制度。这些制度为鼓舞士气发挥了巨大的作用。顺治七年（1651 年），他公布"杀虏大敌中敌赏格"，每一战役结束，都召集将士进行分析总结，公开议定官兵功罪，赏功罚过，奖惩严明。每出战，令监督监营在军前高举铁杆红旗一面，上书"军前不用命者斩，临阵退缩者斩"，违犯者，副将以下当场枭首示众，统领总镇捆解军前枭首示众。郑成功即使对自己的亲人骨肉也毫不徇情，执法无私。如顺治六年（1650 年），清将马得功袭击厦门，叔父郑芝莞临阵脱逃，就被他依法处斩。郑成功从建军开始，就制定并公布《出军严禁条令》，严禁奸淫、焚毁、掳掠、宰杀耕牛，如果违犯纪律，本犯斩首，大小将领从重连罪，不论官、兵、夫役，凡捉拿和检举违纪者有赏。至此，郑成功的军队成为一支名副其实的劲旅，一支名副其实的王者之师。

郑家军不仅军纪森严，而且执纪不苟。北伐南京期间，师抵湄州，有一士兵在打水时拾得老百姓一只鸡，监营发现就将兵士解送，大将甘辉当时担任总镇，自认统驭部下不严有罪，脱衣自请责打十棍，犯兵斩首。郑成功多次教育官兵，出征作战，应以民为本，要求军队要做到"行师而耕市不变"，考核官兵功绩时，要求战功大小和执行军纪情况并重。所以郑成功军行所至，民户不惊，市井不扰，深得民众的称颂和拥护。如北伐南京时，沿海沿江人民纷纷来郑军水师船舰争做买卖，往来如织。大军进入镇江时，军队夜宿商馆，不进民家。这些严明的军纪使军队保持了良好的斗志与纪律，同时得到民众的有力支持和配合，产生了很好的政治影响。

但是，在郑成功全力治军的同时，他也犯了一些错误，这些错误给他的抗清大计造成了巨大的损失。由于郑成功率领的部队在取得了一系列胜利之后，很多的将领就开始贪图安逸，形成不求上进的作风，甚至有的将领知法犯法，利用自己的权力包庇亲信，残害异己。这其中，施朗就是一个典型。他的投清也是郑成功一生中的一个重大失误。

当时的施朗是郑成功的左先锋镇。施朗原是南安人氏，是江湖上赫赫有名的侠士施大煊的长子。他自幼酷爱武术，还是小孩的时候便会使枪弄棒。成人后武艺更是不同凡响，常与人争强斗胜。一天与人发生口角，挥拳致人而死。为逃避官司，他四海流浪，偶闻郑成功招募义兵，便与其弟施显商议，一道来投义军。此时负责招募兵员的正是张进。张进最先供职于明朝官衙，由于官道黑暗，不愿同流合污，处处受到排挤，极不得志，郁郁寡欢，以致被人诬陷，吃了官司。幸亏张大猷四处奔走，花钱疏通关节，才得保释出狱。他愤不受辱，投身江湖，过起闲云野鹤的生活，广结侠义肝胆之士，仗义疏财，除暴安良，得益于他的人比比皆是。他在江湖上混得有模有样了，张进的

招贤纳士报家仇 壮言誓师抗清军

大名也掷地有声。当然，吃过他的亏的人也不少。他是个个性鲜明的人物，心中藏着的是善，眼里盯着的是恶；对善恶不含糊，向来爱憎分明，结交朋友遍天下。施朗曾与他有过一面之交。

如今，张进有了归宿，越发声名鹊起。现在义旗下的张进更是非常得意，施朗一见张进便喜出望外。张进亦是那种久违重逢的高兴劲儿。当下，由施氏兄弟演试武艺。二人弓马娴熟无比，枪棒功夫绝伦，武艺超群，不同凡响，赢得阵阵喝彩。张进为义军又收罗了两位英雄大喜。

张进出色地完成第一批募捐物资和招募兵员的工作，返回营房，向郑成功备说其事，尤其重点介绍了施氏兄弟的表现。这为施朗兄弟的后来飞黄腾达打下了良好的基础。不久，施朗被封为左先锋镇，施显被封为右先锋镇。此事无疑感动了其父施大煊，他也随即来投。郑成功见他一家三口来投义军，感动得不得了，委任施大煊中军粮的官职，负责军队的后勤工作。从此，施家的势力日臻强大起来。

施朗自从回救厦门有功，得到郑成功的嘉奖后，就开始居功自傲，目中无人。在军队中，他常对人说："大将军能有今天这块基地安身，全仗我施朗一人，不然，大将军岂有今天的声势!"这些话传到郑成功的耳朵，郑成功一笑置之，不以为意。说实话，郑成功是打心里感激和佩服施朗的勇猛和忠心的。

然而，郑成功的信任却使施朗大胆起来，父子三人互相勾结，在军中拉帮结党，培植自己的势力，准备独树一帜。当时，施大煊管理粮饷，开始尚还忠于职守，不久便和两个儿子暗中营私舞弊。左右先锋镇每月领的粮饷总要比实际的兵额多。值此兵荒马乱的年代，筹蓄军饷常遇困难，致使军饷有时不能按时送来。来迟了，各镇就迟发，唯独左右先锋向来不打折扣。西征的时候，施大煊对其他各镇的粮饷采取迟发并大打折扣的办法，转手营私，赚取暴利。使得军队停滞不前，耽搁了七八天，失去了进攻的大好机会。后劲镇陈斌不服，指责施大宣，施朗护着父亲，跟陈斌吵了一通，还是郑成功从中劝解，才没有闹出事来。

也正是由于郑成功对施氏三人的纵容，使得施朗父子三人更加目无法纪。他们利用郑成功的信任，从中营私舞弊，为自己牟取暴利，并将这些罪责嫁祸给别人，一时间，军队里怨声四起。这次的事情过后，郑成功感到粮饷不处理妥善，肯定会影响军心丧失战斗力，于是就派一名从将标兵曾德，到左先锋镇管理粮饷。曾德精明强干，很快从账簿中发现了施朗舞弊的证据，并及时地报告给郑成功，郑成功叫他再用心细查。但是，由于曾德的计划被部将沈青听见，于是告诉了施朗。施大煊大为惊慌，施朗却说："先下手为强，后下手遭殃，我们先除去这个耳目。"

施显原来也是游手好闲之徒，成天沉湎于酒色之中不能自拔，不知多少良家女子遭他蹂躏过。投军后，由于义军纪律很严，他不得不有所收敛，但劣根性未除，久而久之，施家的权势日渐显赫，无人不畏惧三分。一天，施显去马家村视察地形，无意碰上了马员外的独生女。该女子正是二八年华，美如西施。施显顿生淫欲，去了马员外家，马员外视他为座上宾，敬如佛祖。他看清了马小姐的闺房，在楼上暖敞轩之侧，濒南有牖。施显这夜便扮作标兵模样窜到千金闺房，调戏小姐。小姐万般不从，他便强行施暴。小姐重节不胜其辱，寻了短见。只可怜马员外夫妇呼天抢地，死去活来地折腾。他们本来就年事已高，又病弱体衰，经此一番打击，更是不可终日。这件事引起契友钟元才关注，他备问其事，并经多方明察暗访，方知是施显所为，追究其责的时候，施显死不认账并嫁祸他人，栽到了解其父有舞弊枉法行为的曾德身上。施朗亲审其案，酷刑逼供，曾德打死不认，导致遍体鳞伤，惨不忍睹。施朗仍不放过他，施朗害怕这件事情败露，于是就下令将曾德捆绑营外斩首。军中有个牙将方仁林，是曾德的表兄，见此情景赶忙跑去哭告郑成功说："表弟曾德，在施将军麾下效劳，为人忠义正直，今施将军不分青红皂白，诬加其罪，要把他处死，万望大将军开恩，救他一命。"

听到这样的消息，郑成功的心里猛地一震。直觉告诉他，这件事里面肯定有蹊跷。于是对方仁林说："如今用人之际，理应宽大为怀，你速持我之令箭前去，要施将军把曾德带到中军帐处置。"方仁林接过令箭，火急赶到施朗营中，传令说："大将军有令，速把曾德带送中军帐，大将军欲亲自处置。"施朗一听，心内着慌，一看此事愈弄愈大，遂一不做二不休，干脆先下手，说："曾德奸淫妇女，闹出人命，罪当处死，请转告大将军，曾德宜就地正法，以正军纪。"说罢下令开斩。

郑成功闻报，十分气愤，更觉此事有蹊跷。他没有料到施朗这样大胆，如此狠毒，深感此人留下来是危险的，便果断地把施朗、施显、施大煊逮捕了，送到副将吴芳古船上，先囚禁起来。施朗自思倘若寻根究底，难免一死，郑成功又铁面无私，没有说情的余地，唯有想办法逃生。就请看守他们的士兵买办了很多酒菜，把吴芳古也请来，四个人一同吃酒。后来，施朗就利用三国时期的周瑜打黄盖的苦肉计骗过了吴芳古，最终逃脱了。施朗跑到山上，藏在一个石洞内，自己逃生，却不理会父亲、弟弟的死活。但是，厦门是个海岛，各港口渡口防守严密，施朗是无法逃出的。郑成功得知施朗畏罪逃跑，并没有当作一回事，只是吩咐众将注意捉拿而已。

施朗上了山，四下张望无人来追，心情稍安了些，找个石窟藏了，苟延残喘数日，但害得吴芳古好苦，满山寻找，山高崖陡，搜寻艰辛。吴芳古呼天抢地，哭干了泪水也于事无补，只恨自己嗜酒贪杯坏了大事，怕回营赔罪不起，彷徨荒野吃尽苦头。他心想："这回丢官是铁定了的，只求留下个吃饭的家伙，若然，则谢天谢地了！此事关系重大，死不抵罪，虽死也不怨，只可怜八旬老母无人赡养，不足十岁的三个儿女无人养育。"想到此，吴芳古辛酸的泪水潸然而下。

藏了三日的施朗，实在饥不可耐，偷偷地窜下山来去找好友苏茂。苏茂听他说得可怜巴巴的，动了恻隐之心，悄悄送他出了渡口。从此，施朗便远走高飞。苏茂真是个怪人，知道自己所犯之罪，自己来见郑成功。郑成功问他："苏将军此乃何意？"

"在下犯了死罪。"

"犯何死罪？"

"擅自纵了施朗。"

"何以如此而为？"

苏茂说："我见施朗饿得魂不附体，遂发了慈悲心肠。我知道罪不容赦，故自缚来受死。"苏茂说话时毫无惧色，大有视死如归的英雄气概。

郑成功倒被他的冲天豪气感动了，说："既然是这样，将军将功赎过就是。请回去吧！"后来，郑成功叫苏茂顶了施朗左先锋镇之职。此事足见郑成功肚大能撑船。

正是郑成功的这一念之差，最后为自己的大业埋下了祸患。施朗

招贤纳士报家仇 壮言誓师抗清军

逃出厦门后，立刻奔入内地，投降了清廷。后来，清朝皇帝嘉奖了他并且给他改名为施琅。投降清廷后，他刚开始并没有得到重用，但是为了保全自己并且取得清廷的信任，施琅始终与郑成功为敌，并且散布了许多有关郑成功身世的谣言。在郑成功的一生中，这恐怕是一件让他感到非常后悔的事情了。

拒绝诱降，郑成功识破清军诡计

清廷多次派兵征剿郑成功不仅没有让郑成功的势力减弱，反而使得郑成功的威望越来越高，前来投靠的人越来越多。并且郑成功的军队多是南方人，他们都非常熟悉水性，擅长海上作战，清军虽然兵多将广，可是对郑成功也是无可奈何。面对这样的形势，清廷中的主和派日益抬头，他们提出对郑成功不再以武力征服，而是用诱降的办法来分化瓦解郑成功的军队。

然而，此时正处在强势的郑成功显得非常清醒。当初父亲要投降清廷的时候他就已经看出来他们的阴谋诡计。现在清廷又想招抚他，这里面的阴谋郑成功早已识破。但是，父亲郑芝龙及家人被挟持为人质，生死之权操在清廷手中，所以，郑成功不得不和敌人周旋。更重要的是他要利用清廷招抚，争取时间，养精蓄锐，可以筹措军需粮饷和兵源。郑成功的目标，还在准备大举北伐，为此他开始与清廷进行多次所谓的"和议"。

为了招降郑成功，清廷是无所不用。顺治八年（1652年）十月初九，清世祖顺治在颁给浙闽总督的圣旨上说："回想以前我清兵进入福建时，郑成功父亲首先归顺。郑芝龙的儿子、兄弟哪会背弃父兄，甘心与我作对呢？"还说："郑芝龙已归顺大清王朝，我也把他的孩子看作自己的孩子，怎么忍心去征讨他呢？"不仅如此，顺治皇帝还把过去和郑成功的战争，推到已经死去的多尔衮身上，自己却装出一副慈善的脸孔。同时，又应允给郑成功许多优厚的条件，以引诱他接受招抚。同时，清廷又利用郑芝龙这张王牌，要他派家人南下，规劝郑成功接受和议。

清廷只是一心想利用高官厚禄以及亲情等来诱降郑成功，但是，他们没有想到，郑成功兴师起兵，并非为一人一家的私利，而是对国家民族的大忠大义。他答复说："我在这里多年，早就移孝作忠，希望有生之年，能报效国家。当初福建巡抚张学圣无故打我，我不得不防卫。现已骑虎难下，兵集难散。"张学圣曾经偷袭厦门把郑成功的家财一掠而尽。郑成功提出此事，原为了把矛头转向张学圣，制造清廷内部矛盾。清廷却以为郑成功真是因财产被掠而不满，更想以名利引诱其上钩，清世祖遂颁旨大封郑氏父兄子弟，其父郑芝龙为同安侯，郑成功为海澄公，其叔郑鸿逵为奉化伯，郑芝豹为左都督。清廷在封官许愿的同时，又对郑成功软硬兼施："你的父亲兄弟都在我的手中，如果你不能把握住这个千载难逢的机会，你就该想

招贤纳士报家仇 壮言誓师抗清军

到，将会是什么后果!"

为了加快诱降郑成功的步伐，清廷紧接着派郑成功的表亲黄征明等人，携带"海澄公印""奉化伯印"各一枚，打算交给郑成功。同时，又命郑芝龙再写信给郑成功，投石问路，想打探一下郑成功的意思。看了来信，郑成功心想：如果完全拒绝，矛盾马上会激化起来；如果完全接受，又不合自己的本意。于是决定将计就计，给清廷一点小小的希望，让他们悬在那儿，进不得也退不得，战不得也和不得，然后再看形势决定未来的行动。于是，郑成功给父亲回了一封家书，信中说："你我父子一别，已经八年。我从小读春秋，晓得大义严明，希望自己能身体力行。父亲以前不听我的劝告，一定要投降清廷，我那时就有了移孝作忠的打算。清廷曾欺骗你，假说要给你封官加爵，现在既然失信于父亲，孩儿怎么能相信你的话呢？八年都已过去了，不要说高官厚禄，恐怕你想回一趟故乡南安都不是那么容易吧! 现在清廷要招抚我投降，但想想他们前后的话语，不是矛盾百出吗？再说，沿海海权早已掌握在我手中，我们贸易所得，也足供我的军队打一辈子的仗，我又何必去投降清廷去自取其辱呢？我也不愿蹈你的覆辙，走灭亡的道路。况且，隆武帝赐姓恩典我永生不忘，功名利禄，对我来说就如过眼烟云。对于抗清复明的大业，我的看法仍是十分乐观的。"这封信中一字一句，都说得铿锵有力，显示了郑成功"富贵不能淫，威武不能屈"的英雄气概和高尚品格。这一番话让清廷感觉到要想劝降郑成功，希望非常渺茫，尽管如此，清廷还是不辞劳苦，费尽心机地实行诱降策略。

郑成功明白这样周旋的时间是非常有限的，而当前最主要的就是充实自己的粮草军备，只有这样，才会有更大的筹码和清廷抗衡。于

是，这年秋天，郑成功派人到闽南各地收购粮食以备军用，先后在晋江征得饷金 20 万，云霄地方得来粮食 5 万石。清朝闽粤总督刘清泰，见郑成功到处购粮，又不敢出面干涉，真是哑巴吃黄连，有苦说不出。只好一再劝说郑成功不要固执下去，要接受清廷的和议。

前几次的劝降未果后，清廷还是不死心。于是，到了顺治十年（1654 年），清廷又老调重弹，命郑芝龙派李德和两个朝廷大臣前往厦门劝降。此次他们带来了礼物、信函、印章等一大堆东西，其中自然少不了郑芝龙的亲笔劝降书。此外，还有闽浙总督李率泰的劝降表，以及皇上的诏书等。然而，面对这些利禄、官爵，郑成功不但不屑一顾，反而更加反感。他率众将领大举攻克失地，连连克复数座军事要塞，这些就是郑成功对清廷劝降的回复。他要让来劝降的人看到他反清复明的决心。虽然清廷的几度劝降均告失败，可是清廷仍然不死心，时隔半年之后，劝降的旋风再度席卷南疆。此次，前来劝降的人员之多，职位之高，样之翻新，决心之大均属前所未有。这一次，朝廷钦差大臣多尼、苏尔哈朗带着郑芝龙的第三子郑渡，一行数十人风尘仆仆来到厦门公署。

此时的郑成功正在厦门操练军队。俗话说："人到厦门港，美妻也不想。"位于南海岸的厦门港，自古繁华，有天堂的美誉。这儿聚居着十数万人口，市井繁华，商业发达，是巨贾云集之地，更是兵家必争之港。这里水陆两便，易守难攻。多尼、苏尔哈朗来厦门后大开了眼界，赞不绝口，尤其是出生于北方草原荒漠里的人，从未见过海，一旦见了这美丽浪漫的岛屿，就情不自禁地赞叹起来，被海的博大神奇所吸引。两位朝臣由此更下定决心要消灭郑成功、夺取厦门。

当他们看到郑成功练兵的场景的时候，他们更加惊恐不安。他们没有想到，这么多次的征剿不仅没有使郑成功的军队受到重创，反而使得他们的士气更加高涨。他们看到郑成功拥有千军万马，势力日甚一日，而这些必将会严重威胁到清廷的安危。"郑成功羽翼已丰，这是万万不可马虎的，否则，我们必遭其害。"多尼这么分析郑成功的未来去向。但郑成功及其部下也都看清了这一形势：清廷劝降是幌子，消灭义军才是目的！于是他让义军大小头目乃至兵卒更加团结，共同对付清廷的劝降把戏。多尼总结过去劝降失败的教训，认为是劝降宣传不够，没有扩大影响，这次再用老办法，显然是不明智的。于是他决定来个花样翻新。他让人四处散布流言蜚语，蛊惑人心。在这次劝降失败后没几天，关于郑成功的谎言、永历的谎言通过各种渠道，在厦门、漳州、泉州等地广泛传播开来。

古语说，三人成虎。乱世中，任何的谣言都有可能会影响到一支军队的军心和士气。起初只是造势吓人，其实并无多大的威慑力量，可是经过无数次的传播，传播者添油加醋，说得振振有词，满足了听众的好奇心理，这么一来，流言的内容愈来愈五花八门，谣言的情节越来越逼真。尽管开始时人们大多不相信，但传播久了，相信的人便渐渐多了起来，老百姓渐渐陷入混乱之中。流言蜚语哗然于民间，几天之后，厦门及周边一些州府衙门的官员率先动摇起来。张之中就是其中最有代表性的人物。他被这些谣言冲昏了头脑，无心于衙门之事，整天担心的是一家老小的安危，于是决定暂时离开衙门返回金陵老家去看看，以省亲为借口，定于次日启程。临走时，差人送给郑成功一短柬，短柬中对自己未能当面辞行深表歉意，并祈见谅云云。郑成功冷冷地放下短柬，端起茶杯，饮了几口不冷不热的茶水，不觉有些倦了，将身子懒洋洋地往椅背上一靠，闭上双目，看似养神，实则在回忆往日与张之中交往的情景，觉得此人为政为事为人并没有什么可挑剔之处，今日的举动让他感到费解。

经过一番观察和思考，郑成功越来越觉得这件事有些蹊跷。于是，郑成功感觉到张之中今日的不辞而别，对于同僚将产生很大的影响！他之所以突然离去，分明是受了流言蜚语的蛊惑。从此事看来，对流言不能掉以轻心，要立刻追究，肃清其流毒。否则，对抗清复明大业将会产生严重的后果。郑成功觉得当前首要的任务是揭穿流言蜚语，并对传播者进行教育，对居心不良和顽固不化者严惩不贷。不这样不足以平息这场风波。但是要想彻底消除这些谣言，就必须要找到散播谣言的主谋。郑成功这么思索着。然后，他站起身来，走向窗前，驰目远眺，但是，此时的他无心赏景，只是借景消愁而已。正在遐想时，他无意中发现了张之中泊在港湾里的船，大约是三只，是准备送他去金陵的官船。郑成功心想，这真是应验了一条古训："世道不古，人心叵测。"像张之中这样坚决拥明的人如今竟然走上了逃跑之路。郑成功有些疑惑：昨天，他还好好的，没说什么；今天就判若两人了。他不辞而别是心中愧疚，不愿见我。你不愿见我，我倒想见见你。共事这么多年，我也应该去送送你，了却一番情意。另一层意思是去看一看送行的是些什么人，他们当中是否还有准备步其后尘者。这么想过之后，他喊来侍卫，吩咐备马。

一会儿，他走出行辕大门，骑上他最爱的白马驹，驰骋而去。走出了北门，又折向东南，这是鹭门岛东西走向的一条人工河，或者说是护城河，是为防御敌人而修的，河床比较宽阔，水也很深，进出的船只往来如梭。当初，人们正是看中了它的优越地理位置和交通便利的条件，进城的人们往往取道这里。尤其在非常时期，战乱频仍，加上天灾人祸不断发生，百姓无法安居乐业，纷纷逃离他乡，这里也就成了逃难灾民的云集之地。很快，郑成功来到码头上，看到眼前的景象，他感慨不已。他本来无意与张之中见面，于是老远望着张之中临时下榻的海滨楼出神。他吩咐侍卫不必前去通报，径直向附近的一群人走去。他想："看来这些人都是来为张之中送行的故友新交，这是无疑的。"逆风而行，郑成功断断续续地听见几个声音在说话，却听不太清楚。他凝神注视，发现人群中一个矮矮墩墩的官员模样的人，手里拿着一份类似文告的东西，正摇头晃脑地念着，他仍然听不清楚，便加大了步伐，走近去，方才听出来："此公系国家栋梁之材，上可治社稷，下可安万民，若为我大清所用，必能安邦镇藩，定南陲，慑外夷……"读到此处，那人停顿了下来。

听到这些，郑成功感觉到这不是一般的公文。郑成功心里不禁一愣，读文告之人让他高度警惕起来。忽然有人高声询问："敢问阁下，适才念的是何公文？""先生来迟，前面的大概没有听到吧，此乃清廷劝降诏书。"郑成功一听，立即明白了事情的原委，原来，流言蜚语就是从这些人口中生出来的，清廷明为劝降，其真实意图是摧毁义军。这进一步证实了清廷劝降的真相。光凭一小撮人散布流言蜚语，还不足使人相信，衙门里的官员带头一鼓噪，那情形就大变样了。难怪昨天就有人说甘辉对劝降一事很反感，甚至大发牢骚说："我们义军与清军打了许多年的仗，不但未被消灭，反而越打越壮大了，现在可以北上直捣留都了。正因为这样，清廷才吓怕了，才来假惺惺地招什么安。管他钦差不钦差，抓起来杀他个鸟朝天，好叫清廷死了这个念头，免得扰乱人心。"

当时，前锋镇黄梧是这样反驳的："甘将军差矣！俗话说，两军交兵，不斩来使。此事不成也罢，却不能绝了后路。"甘辉一听大为恼火，讥讽说："难道黄将军还想为自己留条降清的后路不成？"郑成功想：甘辉的话看来印证了今日之事，清廷又在玩劝降的老把戏，搅乱我军阵线。我怎么不知道，一直蒙在鼓里！张之中的不辞而别，实在并非偶然。既然如此，我也就来个将计就计，与清廷周旋一番，看他有办法还是我有办法。郑成功这么打定了主意。

正当这时，郑成功听到不远处有人在大发议论。于是，他就走了过去。"什么是大义？什么是历史？"一个身材高大的后生连连发问，然后又自我解说，"所谓大义？无非就是君臣、社稷、民生那一套。所谓历史？不就是改朝换代那一套吗！我辈存立于世，

平户的郑成功庙

又所为何来？不就是为固守纲常，使之长存于世吗！至于说明朝当灭，清朝当立，这不是我辈能决定的，谁顺应了历史潮流，谁得了民心，谁就赢得天下。纵观历史，哪朝的崛起，哪朝的灭亡又何尝不是如此？"郑成功面对这种种情形，不由得焦虑不安，但他很快又冷静下来，他非常明白其中一个道理：众人的言论，是畅所欲言的，其中自然有些哗众取宠；当然，更有有识之士不乏真知灼见之论。当时场面颇大，还有几处谈论的小圈子，人多嘴杂，听不明白各自谈话的论点是什么，他也无心分辨谁对谁错。

正当他打算再去别处看看，刚一迈步，听到杂沓的脚步声，他猛一抬头，望见风度翩翩的张之中由几个人簇拥着，正匆匆地迎面走来。看情形，尽管郑成功不曾声张，仍被人告了密。否则，张之中怎么知道他来了呢？"哎呀，国姓爷几时来的？在下竟不知，还请见谅。你日理万机，所以我临行前不敢打扰你，怕耽搁你的宝贵时间，不料你还是赶来了，惭愧！惭愧！"张之中说话时显得异常激动，说完又深揖到地，半晌不敢直起腰来。郑成功表情平和，一点声色不露，内心却极为复杂。他打量了张之中一眼，不知为什么，那双金鱼眼更加突出来了，同时还有些忧郁的神色。郑成功冰冷地挽手回礼，淡淡地说："卑职与阁下有缘交往多载，今知大驾欲返留都，我岂敢不来送行。"

张之中听了郑成功话中有话，怕失体面，自然羞愧难当，尴尬地说："国姓爷言重了，你这么说令我愧怍万分，卑职有违道义，只因思母心切，行前心中忐忑不安，未敢张扬，几乎衮衮同僚皆不知。今日蒙恩公赐顾，令晚生不胜感愧。请国姓爷上船用茶。"郑成功听了张之中一番表白之后，装出诧异的样子，频频摇手。张之中见郑成功谢绝，心里甚是惶悚不安，仍然苦苦恳求，大有不达目的绝不罢休的意思。然而，他越是热情，郑成功越是冷淡，并料定他无非是想解释一下这件事的原委而已。

于是，郑成功收敛了锋芒，坦诚地说："事到如今，又何必多此一举？你越想说清楚，恐怕越说不清楚。"郑成功打算以坚决的态度摆脱对方的纠缠。然而当他一接触到张之中的目光时，又不得不怔了一下，于是，他阴沉着脸，勉强地说："那么，就依你吧！"他扔下这么一句冰冷的话，不等对方有何反应，就朝其余的人抱拳施礼，"失陪，失陪！"转身径自往船上去。郑成功来到船上背着手，站在窗下，望着海滩上的景致。张之中怔怔地望着他的背影不敢上前，过了片刻，才殷勤地走近来说："请国姓爷上座。奉茶！"不料郑成功一摆手说："张先生，我很忙，实在没有工夫，也没兴致听你编故事，你有何见教，请快点讲！"

其实，郑成功已经看出来张之中的心思。郑成功的自尊心受到了强烈撞击，灵魂深处受到巨大震撼。他万万没有想到，张之中非但不向他忏悔一番，反而试图诱降他，欲摸他的底细。是可忍，孰不可忍！不过，他极力摁住心头怒火，尽量显得宽宏大量。于是，他哈哈大笑起来，一面笑一面拂袖而去。张之中见状一下激动起来，忙向前小跑几步，一把拽住郑成功的袍摆不放。"国姓爷，您是我的恩师，我跟随您多年，您对我关爱有加。今日我不能见恩人有话不说。南京失守，半壁江山沦失，一旦清兵席卷而来，独木难支倾覆，尽管恩公有志报国，又有经国济世之才，恐怕也难以挽狂澜于既倒。余今日之所作所为并无歹心，实在是因形势所迫而产生的无奈之举。说不定自此与恩公一别，再无相见之日，难道不愿听我最后一言吗？"

这时张之中已泪流满面，唏嘘不已，仍坚持着说："国姓爷切莫误会，认为我张某人是贪生怕死之辈，其实我早已置生死于不顾，奋力匡正时弊。然而明室颓危，救亡无望。朝廷内有各怀鬼胎的官吏，外有拥兵自雄的军阀，此辈飞扬跋扈，腐化堕落，与我辈同床异梦，充其量是个同路人而已，并不能同舟共济，患难与共。一旦遇到危急，有机可寻，他们必率先失节。尽管国姓爷意志如钢，又能礼贤下士，有回天之方术，恐怕也是难免此祸患发生。所以，在下求您重新审视劝降之事。只有一而再，再而三之说，没再四再五之言。清廷三番五次劝降，也许这是最后一次机会了。"说完，张之中伏地而拜。本来就

招贤纳士报家仇　壮言誓师抗清军

怒火填膺的郑成功，现在更是怒不可遏："好大胆的张之中，竟敢如此妄言！如此叛臣，不杀了你留着何用？"听到郑成功的这一番话，张之中倏地站了起来说："忠臣不怕死，怕死不忠臣！"此时的张之中似乎一下变成了临危不惧的英雄。张之中的表现让郑成功感觉到有些意外。这时郑成功竟对他略有好感，认为他还有点儿大丈夫男子汉的气概，不同于那些失节投降的家伙，起码还有人情味儿，没有出卖同僚。他大步迈出船舱，急切地往回奔。郑成功飞马返回军中，二话没说，立即召集诸将商议对付清廷劝降的对策。

明白了郑成功的意思后，有些耐不住性子的甘辉抢先说："劝降，劝降，人心搅乱，不杀鞑子，人心难安。"他环顾众将一眼，看见大家一个个都义愤填膺，接着又说："虽留都沦陷，但我军仍不气馁，每仗必胜，如此打下去，不用多久，我军就可进攻南京，克复失地。正因为清廷害怕了，才想出劝降的鬼把戏来愚弄我们，我们千万不可上当！"群雄无不摩拳擦掌，以气吞山河之势做出反应，支持甘辉的发言。议事厅里，骤然呈现一派英雄气概，并有人高呼："清廷钦差大臣滚出厦门！否则，我们就不客气了！"众人随声附和，一时间矢志抗清的热烈气氛笼罩了郑成功的军帐。郑成功内心激动却外表镇静地说："我们由小到大，由弱到强，从几个人几条枪举义旗起，到今天成为一支拥有20余万人马的强大军队，靠的是什么？靠的就是一个'打'字。打了8年，这8年是我军成长最快的8年，可喜可贺的8年，叱咤风云于天下的8年，舍生忘死不畏强暴的8年……今天，难道就会被敌人的高官厚禄收买了不成？难道就改变了初衷不成？这是绝对不可能的！只要诸位将领继续跟我一道舍生忘死，清廷劝降的伎俩就永远不可能得逞！"

清廷劝降是有原因的，一天，有一个叫努尔哈朗的人向顺治帝献计说："奴才想劝郑芝龙修书一封，规劝他儿子投诚，说皇上愿立刻派人去厦门劝降。郑成功见了其父的亲笔信，必然有所触动，即使不降，只要他收敛一下锋芒，时局便会起根本性的变化。我军趁此良机全力以赴向南推进，扭转战局只是一瞬间的事，那时候明军大势已去，不怕郑成功不来归顺我大清天子……"接着他又说："奴才听说郑成功是个儒将，幼年熟读孔孟之书，尤信奉孔孟学说，骨子里装着的全是儒家的道统，忠孝之心更为突出。因此，奴才才敢如此妄言。"

"并非妄言，良策，真良策也！你速去办成此事，朕等候你来领赏。"顺治虽然如此说，但心里仍然不踏实，他半信半疑地看着努尔哈朗的背影消失在宫殿外。他素来对努尔哈朗办事能力有疑心，唯恐他开的药方不对症——郑成功并非他想象的那么简单，那么轻易上圈套。然而，努尔哈朗满怀自信，径自奔郑芝龙官邸而去。

此时，郑芝龙从去年抵达京师起，便住进这所宅子，至今已有一载，他成天无所事事，不胜寂寞难耐。但是难耐归难耐，他还是要笑脸相迎偶尔来访的显达、名流。努尔哈朗怀着胜券在握的心情，急切地来到郑芝龙的宅院时，不觉已是酉牌时分了。照常理这是吃晚饭的时辰，一般来说在这个时候如果无紧要事是不去拜访他人的，这是汉人的习俗。当然，努尔哈朗也深谙汉人的礼习，也能遵守。如今，他故意破例而为，自然有他的用意。其实也没什么，无非是想让郑芝龙早点儿知道消息，给他一个惊喜罢了。

果然，不出他所料，郑芝龙被他的突然造访所触动，心里暗暗地感到有什么重大的事要发生，莫名其妙地生出喜忧参半之情。他忙不迭地抱拳在胸前，一揖到地说："在下不知王爷到此，有失远迎，还望海涵!"

"哪里! 哪里! 彼此之间何必如此。我是来恭喜阁下的。皇上有谕，我不敢怠慢，于是就急急忙忙地往贵府奔。"郑芝龙一听"恭喜"两字，真有久旱望云霓的喜悦，笑容可掬地说："王爷不辞辛苦，风尘仆仆，光临寒舍，实在令在下过意不去。不知是何喜事，竟要王爷亲自驾临?"郑芝龙顾盼着，发觉努尔哈朗一举一动似乎都有些故作多情，他口里声声说恭喜，却久久不说出内情，不由得使郑芝龙情绪猝变。郑芝龙是怀着升官晋爵、光宗耀祖、荫庇子孙万代的荣华富贵梦想前来投奔清军的，岂料到了福州，清廷又骗他来朝廷任职。但他至今一职未任，反而坐了冷板凳，失去了自由，被软禁在这幢公寓里。如今，听努尔哈朗说恭喜的话，但却是雷打得大，却不见雨下来，岂能不让郑芝龙顿生疑窦? 当然，努尔哈朗也清楚郑芝龙此时的心情，于是故作姿态地说："将军的心情不说我也明白，将军弃暗投明，毅然北上，如今已是一年有余，却尚未得到一官半职，难怪你心急，若换了我，我也会如此的。说实话，皇上对你甚为赏识。那么，皇上又为何迟迟不降旨重用你呢? 我想这个原因不用我说，你心里比谁都清楚。也正因为如此，皇上才要我来道明此意。"努尔哈朗顿了顿，然后又不胜关切地说："皇上希望你修书一封给你儿子郑成功，劝他即日前来投诚。此事成功后，皇上愿给您半壁江山，并敕你为'平西侯'，封你儿子为'海澄公'。这是世人求之不得盼之不来的殊荣，竟然落在将军身上矣，真是对你郑氏家族皇恩浩荡，令世人仰慕不已啊! 将军，这真是千载难逢的美事，望将军珍惜!"郑芝龙沉吟半晌，忽地起身，迈开武将有力的步伐，在大厅上来回踱步。

努尔哈朗往椅背上一靠，把肥胖的身躯藏在摇曳的灯影里。努

尔哈朗心想：这次能否降服他至关重要，因为，这不仅关系到自己在皇上面前夸下的海口能否实现，弄得不好，还会使自己威风扫地——这还是小事；更为重要的是关系到满族人能否征服汉人、统一天下的大事。

于是，他聚精会神地思索着对付郑芝龙的办法。同时他又不得不装出一副轻松的样子，来掩盖内心的沉重。他将身子移动了一下，往后靠了靠，使自己坐得更舒服些。他那双深藏玄机的三角眼不停地打量着郑芝龙脸上的表情变化。郑芝龙也在想：我对此人并不陌生，算来这是第三次与他交锋了。虽然交情算不得深，但彼此还是颇为了解的。努尔哈朗这次来访，所言之事非比寻常。迫于无奈，他只好应承了，并当努尔哈朗的面修书一封，又令家人李德星夜起程赶往厦门送信。努尔哈朗见郑芝龙办事如此爽快，三下五除二就把事情办好了，满脸堆着笑容："事情成功了，是皆大欢喜之事，你好，我也好，国家好，皇上好。"努尔哈朗一面安抚着郑芝龙，一面喜滋滋地往外走。

郑成功在厦门接到父亲的密信，拆开来阅，只见信中写道：吾儿大木台鉴：父与儿一别数载，不胜轸念。夫万里飞鸿，实身不由己。圣上有谕，责我劝汝弃明投清，并弑鲁王为投诚之要举。然后，汝与父加官晋爵，并赐江山半壁。苟不遵旨，兀自一意孤行，老父命丧九泉矣。切切勿拿老父做赌注！希吾儿见书即率部投诚，父翘首企望。郑成功阅毕，非常气愤。当即召集文武官员来帐议事。他百感交集，激愤地说："清廷无聊至极，以家父做人质要我投诚，若不然，家父性命不保。面对两难处境，不知如何是好，故请诸位来献良策救我。"刚说完，举座为之惊愕，气氛一下紧张起来。突然，从人群中站起一人来，此人正是周全斌，他横眉怒目，义愤填膺地说："鞑子自作聪明，玩弄小伎俩，无非想打动国姓爷的孝悌之心耳。依我之见，置若罔闻，不把他当回事，谅其奈何不得我。至于国姓爷家严的安危，也不会有那么严重，他只是借此恫吓一下你而已！试想，平白无故，他何必要杀一个赤手空拳的已降之人呢？只因你不降清，而降罪你父身上，谅他们也不至于会这么做。请国姓爷不必担忧。"甘辉说："说得好，周将军所言极是，自古忠孝难两全，何况，清廷也不会在乎一个年逾古稀的老人。真要杀他也不会等到今天，由此看来，正如周将军所说不过是玩弄小伎俩罢了。国姓爷千万莫上当！再说，事到如今，也别无他法，只有一条路，这就是救亡图存至为重要，我等也只有这条出路，否则，就会重蹈水浒宋公明投降的覆辙。请国姓爷三思。"张进说："周、甘二位将军把我心中之言和盘托了出来，我再无话可说。我也相信在座的诸公都会是这个意思，这事到此为止，我看没必要再讨论下去。我们务必戮力同心，高举义旗，抗清复明。"

这一年九月初七，郑成功的弟弟郑世忠来找哥哥，他也是郑芝龙授意，清廷同意后才来的，他希望哥哥念在骨肉之情上答应和议。可是，郑成功坚决地告诉他："自古以来，凡是投降敌人的多半没有好下场。我坚决拒绝投降。"他让弟弟转告清廷准备在安平和他们"谈判"。最终，双方在安平谈判上理所当然地失败了。主要的争论是：清廷要郑成功像满族男人一样剃掉头发，郑成功绝对不肯接受这一耻辱的条件。郑成功说："三弟，无须为老父亲难过，自古以来，忠孝不能两全，人各有志，也不必强求一致。各司其主也属天经地义之事，无须道长论短。因此，恕我不能从命，尽孝悌之心。家事重要，总不能超过国事吧！保家若害了国家必成为历史的罪人，遗臭万年。我郑成功宁死不干这种事。请三弟见谅。回京后，请照顾好父亲，兄长拜托你了。"郑成功拱手送别。

　　清廷钦差见郑成功毫不被父子之恩、兄弟之情所羁绊，所动摇，也不为高官厚禄所动，知道他是个泰山压顶不弯腰的好汉，竟也被郑成功的一身正气所慑服了。无奈之下，这些说客和郑成功的三弟就又都回去了。回到北京后，郑成功的三弟将信交给了郑芝龙。郑芝龙看完了儿子的信后，也知道郑成功是劝不动的。于是，他把情况回报朝廷，清廷内的主和派与主战派又进行了一番激烈的争论，最后主和派仍然占据了上风。清朝廷又透露了一个消息，愿意把泉州、漳州、惠州、潮州都让郑成功管辖，他们想，尽管郑成功胃口很大，这下子总该满足了吧！但是清廷这些人完全低估了郑成功。郑成功并不像他父亲郑芝龙那样，他想做的就是一心一意要打败清廷，恢复大明江山，再大的诱惑也不能动摇他。

　　刘清泰派人来找郑成功，大肆渲染郑芝龙等人在京受苦的种种情形，企图以亲情打动郑成功。为了和他周旋下去，郑成功派常寿守和郑其逢到福州与清廷"谈判"，临走前，他再三交代两人要不卑不亢。两人到福州后，因为和清廷争取名分，不欢而归。郑成功赞许他们维护郑军体面的做法，这一次和谈并没有结果。又过了 5 天，清廷派使臣来见郑成功，并带来大印。但郑成功一言不发，显出一副高深莫测的样子。看到郑成功根本不提和议一事，清廷使者再也按捺不住，表示要马上回京，请郑成功表态。到了这个时候，郑成功这才慢吞吞地说："我的军队恐怕太多，就是给我几个省，也都不好安排。"清廷使臣听了这话，心里凉了半截：郑成功胃口太大了，简直存心与清廷过不去！郑成功把信和大印还给清朝使臣，和议再次宣告破产。

　　利用清使回京的机会，郑成功又在福建筹款，购木料造船。尽管

招贤纳士报家仇　壮言誓师抗清军

刘清泰在一旁干着急，但郑成功仍然进行扩军的工作。一直到了五月，才正式答复清廷，要给他三个省才愿意和谈。由于郑成功的机智应付，清廷在和谈问题上一直处于被愚弄的地位。

再后来，清廷一直没有停止过对郑成功的劝降以及对郑军的瓦解行动。但是，郑成功在给父亲的回信中，他坚定地说："过去父亲被清廷欺骗，现在还能活在人间，倒是我当实初没有想到的事。万一将来父亲有任何不幸，孩儿我只好穿起孝服为父报仇了！清廷一再招抚，但同时清军正准备对我大举进攻。我实在不得已，只好整军待发，准备与清廷决一死战了。"郑成功这封信使清廷的主和派彻底死了心。清廷皇帝派世子济度率领大军，浩浩荡荡来到福建。郑成功却已接连攻下同安、南安、惠安等地，并把大军驻扎在漳州，准备与清军决一死战。

清廷对郑成功已是无计可施，和也不是，战也不是，到底该怎么办呢？后来有人提出"海禁"的建议，他们希望把郑成功孤立起来，断绝他的粮食、武器、造船的材料，企图让郑军在金厦海岛上自生自灭。清政府采纳了这项建议，下令东南沿海，禁止船只私自出海，禁止卖货给郑成功，实行迁界，将沿海人民向内陆迁徙，违者以通敌论处。郑、清之间的"和议"至此完全破裂。清廷的诱降的诡计宣告破产。

第五章

复国大计终难成
另谋大业进台湾

郑成功日夜操练军队，不断壮大自己的势力，以待有朝一日可以和清军决一死战，一来报国仇，二来报杀母之仇。清廷在实施诱降计划失败后，就开始不断地对郑军进行征剿。面对这样危急的局势，郑成功没有坐以待毙，而是主动进攻。郑军一路势如破竹，接连收复了数城。然而，郑成功很快就被胜利冲昏了头脑，犯了兵家大忌，在南京之战中受到重创，元气大伤。在随后的时间里，郑成功的处境一度非常的被动。郑成功深感复国大计难成，在严峻的形势下，他动了进军台湾的念头。

对清宣战，郑军连克数城

清廷在多次劝降失败后，决定对郑成功的义军实行海禁。但是，郑成功并没有坐以待毙，而是主动对清宣战。顺治十三年（1656年）四月，郑清两军的战争在泉州附近海上爆发了。海战中郑军一直占上风，不习水性的清军被狂风巨浪弄得溃不成军，这就是著名的"围头海战"。

战争打响之后，郑成功一鼓作气，积极备战。郑成功在清理了内部之后，着手扩大抗清基地，督师在海澄磁灶地方，以待战机。这时，清朝漳州总镇王邦俊率领海澄马军、步军数千人，也来到磁灶扎营，与郑军对垒，企图打击郑军的发展势头。郑成功与诸将分析，打败漳州这一路兵马，会震慑清军，又能促进集兵征饷，鼓舞将士的抗清热情。

于是，经过和众谋士商议后，郑成功布置了具体的作战方案，等待时机发动攻击。这一次，郑成功利用清军的冒进心理布下了一个圈套，准备等清军进入后，正面进行猛烈攻击，然后再进行包抄，一鼓作气把清军消灭掉。按照郑成功的部署，各部兵马很快就到位了。果然如郑成功所料，没过几天，王俊邦就带兵进入郑军包围圈，被郑军一鼓作气打得溃不成军，清兵死伤无数，丢下了大量的辎重马匹。几天后，郑成功等回到厦门中左所，对参加这次战斗的人员论功行赏。一律按照此前颁布的《杀虏大敌中敌赏格》中规定的中敌赏格加以奖赏。这是金、厦奠基后的首役，可谓旗开得胜，郑军人心为之大振。由于郑军得到地方民众和明军残部风起云涌般的响应，在五月中旬才建立起来的明朝鲁王政权，到了七月末，业已聚集了十万庞大军队，势力范围也从湘东一隅，迅速扩展到浙东、浙西的大片地区。尽管纷纷加盟的这些府县基本上还处于各自为战的态势，军队中相当一部分亦属于临时凑合起来的壮丁，然而已经形成了一股颇为浩大的声势。这就迫使踌躇满志的清朝浙江总督张存仁惶悚不安，连忙收敛锋芒，全力以赴防卫杭州府，同时飞报南京，请求火速增援。

面对这种有利形势，诸大臣奏请鲁王顺应时势，抓住战机，拼死一搏，扭转乾坤。鲁王应允，并在绍兴召开了御前会议，决定派大学士兼兵部尚书刘绩担任督师，率领戍守在绍兴一线的各路明军，分别向有利地区集中。按照他们的计划，能一鼓作气收复多处失地，自然最好；就是一时做不到，也要打上几个漂亮的胜仗，以便震慑敌人，鼓舞明军士气，巩固业已取得的地盘。义军首领郑成功被空前大好的形势所激励，主动上疏朝廷请缨北伐，牵制洪承畴的清军，以便减轻清军对李定国部的压力，李定国是西南唯一的一支勤王劲旅，万万不可有闪失，如此行动，也是从整个战局着眼的。鲁王被郑成功这一忠君勤王的行为所感动，敕封他为延平王，并派刘绩来义军驻地宣诏并巡视三军军营。

到达郑成功的驻地后，刘绩在郑成功等的陪同下视察三军。他兴致勃勃地登上点将台，观看王老山演武场演武比赛，当即产生这么一个念头："明军中缺少像郑成功这样的帅才来统率三军。倘早用此人，明朝的江山不会沦陷大半。明朝之所以有今日的可悲下场，不是天意而是人为！"刘绩为什么会产生这样的念头？缘由是郑成功的义军虽然是抗清复明的一支劲旅，但毕竟是地方军，不能与正规军相提并论。这让刘绩带着诸多遗憾去巡视其海军。分布在厦门诸岛海域的战舰如野鹜一般，黑压压的数不胜数。刘绩看了海军的阵势，更加心悦诚服。"有如此庞大的水军，何愁郑军不一天天强大起来？郑成功真将才也！"刘绩这么想着，不由扭过头来对郑成功勉励说："朝廷水军也

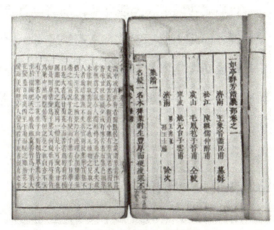

(明)刘绩撰《二如亭群芳谱》

不过尔尔，足见兄台治军的功劳卓著。我敢断言，郑成功的大名一定会写进青史，永远被人传颂。"

随后，郑成功感叹说："国难当头，君王难当。请大人回朝后代我面谒圣上，就说郑成功和十万义军竭尽全力匡扶明室，舍生忘死驱除鞑子，誓死捍卫圣上。明不兴，清不灭，我等挥军不止！"

听到郑成功的这一番慷慨陈词，刘绩心中顿生敬意，他激动地说："延平王忠君之心，日月可鉴！令我万分敬仰。本官回京师后一定转禀圣上，备说延平王爱君之心无人可及。圣上一定高兴，龙体得慰藉，

复国大计终难成 另谋大业进台湾

必然心宽体胖，光复我大明河山就更有希望矣！本官早知道延平王是言行一致的人，圣上更会信赖，不然的话，圣上怎么会要本官来宣布敕封'延平王'的诏令呢。请将军放心，我会把所见所闻原原本本地上奏，让圣上全面真实地了解将军，今后会更好地嘉奖义军。"刘绩说完，口占一绝《咏大木》：挥戈策骥任驰骋，天马行空独一人。横扫江南无敌手，叱咤风云扬忠魂。刘绩激情满怀地说："恭喜延平王！贺喜延平王！你前程无量。我大明天子得你这样的忠臣良将，实乃天幸也！"

和郑成功说了一阵话之后，刘绩迈着稳健的步伐，笑容可掬地朝排列整齐的将士们挥手致意。巡视完三军之后，时间已经不早了，于是，郑成功设宴招待刘绩。宴会上，气氛庄重而热烈。郑成功兴致勃勃地致辞："……刘绩大人满载皇恩而来，恰如是，'石蕴玉而山辉，水含珠而川媚'也，使我军大放光彩！为此，我代表全军将士向刘大人致以最崇高的敬意……"刘绩起立，笑容可掬地环视众将士，满腔热情地答谢说："谢谢延平王的盛情美意！"

随即，宴会上的其他将领和谋士也纷纷发表自己的见解。众人附和的附和，反驳的反驳，一时间，宴会厅里热闹非凡，气氛十分融洽。郑成功站起来，大家立即安静了下来，说："军人面对大刀、长矛都不怕，何以怕说话？我之辖地，我之营寨，允许畅所欲言；尤其对我郑某言无不尽，欢迎批评，没有过火之说，矫枉必须过正，不过正就不能矫枉！"郑成功一番慷慨陈词，众人无不被折服了：有这样的贤能之士何愁不成功！有这样的将帅何愁不胜利！

刘绩被郑成功和众将士的远见卓识所打动，也激奋地站起来说："列位的高谈阔论，让卑职洗心明目，真可谓受益匪浅。不虚此行，不虚此行！说到洪承畴其人，令我想起了丞相黄道周曾撰写过的一副讽刺他的对联，这对联我还记忆犹新，不妨念给大家饮酒助兴："史笔留芳，未能平房忠可法；洪恩浩荡，不思报国反承畴。"

"好！这对联不但文采斐然，对仗也极其工整，构思更具匠心，不愧是联坛上的佳作。"这是儒将张进在拊掌称快。他怕别人一时没听懂，解释说："上联嵌入抗清名臣史可法的芳名，下联嵌入叛贼洪承畴的臭名。一文一武，一褒一贬，自成隽永，回味无穷，令人拍案叫绝。"

刘绩看众人被他逗得喷饭，自是乐意陶陶，于是，欲再来露一手。他略微思索了一下，即席口占一联脱口而出："辛苦卓绝，匡扶社稷，灭胡驱虏，独弃疾忠心臣子；郑重其事，救亡图存，复明抗清，唯成功孤胆英雄。"说完，刘绩笑容可掬地站起来说："请诸位将领一起举杯同饮！"

郑成功举起酒杯，彬彬有礼地说："刘大人才华横溢，令我非常佩服！但对卑职之誉言过其实了，在下实无什么建树，岂敢与如雷贯耳的英雄辛弃疾相提并论哉？惭愧，惭愧！"

"将军过谦了！论你的功绩，就目前说，业已高出其一端；从你的潜质而论，简直贵不可言，前程无法估量。你的大名将永垂青史，流芳千古，这已成定局，毋庸置疑。"刘绩说完，满斟一觥，一饮而尽，欣然畅饮，不觉酩酊，俩侍婢携扶归寝。

郑成功一面尽情地欢饮，但同时他也没有忘记眼前的形势。虽然自己现在的势力已有所增强，但是要想和清军在陆地上较量还是相差甚远的。此时，清廷也没有停止行动。清廷顺治帝曾在指派多尼、苏尔哈朗去厦门劝降之前便有圣谕：对永历和郑成功不应加害，并谕将福建的漳州、泉州和广东的潮州、惠州割让给郑成功。后来，由于去劝降的多尼、苏尔哈朗对厦门实地考察后，被其胜景迷惑，对圣旨产生怀疑，回朝后向顺治帝建言此四地不能拱手相让，顺治也就动摇了，并派定远大将军济度统率三军，到福建对郑成功作战，以武力征剿郑成功。

当时，济度率二十万精兵强将，杀奔福建而来，气焰十分嚣张。其实，郑成功早已知道清廷的阴谋，并且很早就开始做了准备。参军冯澄世献计称："清军分两路而来，仗其兵多将广，辎重充足，士气旺盛。而我军面临强敌攻打，鲁王又无力来增援；北面则有济度二十万大军的威胁，当前的战局十分严峻。末将建议不如退守厦门岛屿，以水战歼敌，发挥我们的海上优势。"

郑成功非常赞同参军的建议。于是郑成功下达作战命令："鉴于敌强我弱之势，暂把安平、漳州、惠州、连安、同安、南安等地的驻军全部撤走，只留下海澄一部不动。为什么要留下海澄驻军呢？因为它与厦门遥相呼应，形成犄角之势，可以牵制敌人，这是为应付大战考虑的，它势必成为消灭强敌的一着妙棋。但它也面临很多危险，必会成为敌人的眼中钉，清军会不惜一切代价去拔除它。陆军应着重成守金门、镇海、厦门和附近几个州县，构筑好防御工事，做到退能守，攻能克。水军主力应放在海湾、围头堰等港口，那里是我水军基地，也必是敌人攻克的重点。各路人马不管水军或是陆军务必恪尽职守，务必相互接应，务必戮力同心，奋勇杀敌，做到人在阵地在。立功者重赏，临阵脱逃者斩，动摇军心者严惩不贷。这是我军历来的军纪军规，如今大敌当前，重新强调一下，是为引起将士们高度重视，希望今后不要有违令的事情发生。"

在此次战争之前随着兵力扩大和作战的需要，郑成功进一步完善

骁勇善战

了军队的编制。郑成功不断地派兵攻打清朝在福建的各个据点。不久，他占领了长泰、海澄、诏安、平和。在作战中，郑军勇往直前，郑成功指挥若定，取得了一次又一次的胜利。每次战争之后，郑成功都按"杀虏大敌，中敌赏格"升赏杀敌有功人员，而对于临阵脱逃的，或在阵前就斩，或战后斩首。郑成功的赏罚分明，增强了将士们的凝聚力，使作战中的将士们奋勇杀敌，争立军功。在郑军围攻漳州城时，固山金砺率兵来解围。郑军退守海澄。清兵炮击海澄数月，海澄城内一片废墟。在郑成功的鼓舞和指挥下，趁清兵进攻之时，顽强防守，又布地炮阵阻击清军回撤。郑成功自隆武二年（1646 年）到顺治十年（1653 年），在海上起兵初期的七年里，巩固了金、厦根据地，扩大了外围据点，占领海澄、长泰、漳浦、潮州、潮阳、惠来等城，壮大了实力，为大举北伐打下了基础。十二月底，郑军打败了济度的军队，大振东南沿海抗清的热情。郑成功率军经过多年征战，不断取得胜利，成为反清复明斗争中力挽狂澜之师。他还要与其他抗清队伍联合，以图取得更大的抗清战果实现最终的目标。

顺治十二年（1655 年）夏，诡谲的云朵在闽南上空集结，骤然天空低沉，四周黢黑，腥臊的海风以迅雷不及掩耳之势向前推进。是时，清廷定远大将军济度趾高气扬，率大军席卷福建而来，扑向泉州。当时，按照郑成功的部署，军队都已经撤到了海上，而泉州只是一座空城，清军一箭未发便唾手而得，这更使济度得意起来。"我军所向披靡，敌军闻风丧胆，不战而退。"他这么想着，抑制不住兴奋之情，于是又挥军扫荡，连连获胜，许多城池几乎是不费吹灰之力就被拿下来。连连获胜的济度此时不免骄傲起来，而且很轻敌。本来济度就没有将郑成功的义军放在眼里。看到眼前这样的大好形势，济度自大地说：

"人说郑成功用兵如神，原来也不过如此，耳闻不如目见。这么好的城池，都是兵家必争之地，郑成功为什么不派重兵防守，难道郑军真的害怕我定远大将军的虎威，一触即溃，逃之夭夭了吗？那么这些军队退守到何处了呢？他们一定是去岛上了，郑成功以为我济度怕海畏水，不敢去追讨他。我偏偏要在海上与你决一雌雄，让人看看我济度所率军队的厉害。"随后，有部下建议不可轻敌，济度不仅没有听取建议，反而将提出意见的部下捆了起来。于是，他一面下令赶造战船，一面四处抢夺渔船，欲乘胜进攻厦门及其附近岛屿，一举歼敌，大获全胜。他简直急不可待地要与郑成功决战。

在战略上，济度是蔑视郑成功的。但在战术上，他对郑军的水上优势却是有所顾忌的，甚至连接近都不敢。冒进是军家的大忌，这一点众人皆知，更何况他是个驰名大江南北的军事将领。他亲自视察了福建诸地，尤其对战略要塞做了详尽的了解后，几度改变进攻计划，直至第二年孟夏才调数百艘战船，由大将韩尚率领进攻厦门岛，企图全歼郑军主力。

然而，这一切都在郑成功的预料之中。他清醒地认识到，尽管自己拥有海上优势，占了诸多有利条件和因素，但亦不敢轻视济度的作战方略和强大的攻势。所以，他一刻也没有闲着，时刻都在思考应对的办法。天无绝人之路。一天，郑成功独坐帷幄之中，深思着这次海战如何才能大量歼敌。突然一阵喧哗声搅乱了他的思维，他抬头一望，原来是附近的渔民从海湾挑鱼回来了，他们七嘴八舌，说今天的墨鱼和带鱼捕得真不少，全赖台风帮的忙。若不是台风把墨鱼和带鱼刮到海边来，他们就捕不到这么多。说者无意，听者有心。渔民的这些闲话全都被郑成功听去了，他连忙走上前去，与渔民们聊起天来，没想到无意间竟聊出一个破敌的良策来。渔民告诉他，墨鱼平时是散居的，因此捕捞起来就不太容易。它们怕台风，台风一刮，它们便聚集起来纷纷奔往海岸，栖息在浅水里。这时，是捕墨鱼的大好时机。郑成功得此启发，想出了一个聚歼顽敌的计策。办法倒是好办法，但是，要想达到聚歼的目的，最重要的一个问题就是要有台风。可是什么时候才会有台风呢？于是，郑成功带着这个问题请教当地的渔民。一渔民告诉他："台风来前是有预兆的。墨鱼和带鱼知台风讯息，台风要来前，它们群聚而游向浅水域，并时不时浮出水面；还有，海鸥会在海上空盘旋；另外，海风的腥味加浓。这类现象接二连三出现，表明台风就要来了，这只能算是一点浅粗的常识。要说准确预测天气尤其是预测台风，我们这一带村落里首推海悦老人。他在台风来之前的三天就知道，而且知道台风何时来何时去。人称他是活神仙。将军不妨去向他请教。"

在问明了此人的住处之后，郑成功便去拜访这位海悦老人，但是很不巧的是老人下海未归。郑成功直等至傍晚，才见到老人。老人头戴遮阳笠，身着百衲衣，身体硬朗，神采奕奕，神态悠然。郑成功表明来意之后，老人告诉郑成功："甲子日必刮东南风，风力强劲，午时光景骤然而至，刮得天昏地暗，倒海翻江。"郑成功听了，掰指来算，离甲子日还有三天。

于是，郑成功向清军下战书，定于甲子日大战。终于盼来了甲子日，它与平日没有什么两样。风向正如海悦老人所预测的那样，一点儿不含糊地从东南刮向西北而去。正是因为有了它，郑成功才格外兴奋。很快，风云渐变，云层渐渐厚重起来，越来越严重地威逼着太阳，使它那灿烂的光芒不得不收敛了些；但那些顽强地穿透云翳而投来的光芒，射到人的身上时仍让人感到灼热。这时，海风鼓足了劲，它怂恿海水疯狂地冲击海岸，海岸惧怕那万钧之势的撞击，在海浪中惊叫，仿佛是在向海风告饶。然而，海风更凌厉、更凶猛，趋势愈来愈强暴。这些微小的细节都被郑成功看在了眼里。这一天，开始刮的是东南风，敌方的战舰赫然出现一片，真个是舳舻千里！战舰气势磅礴地往前驶来，但又不免显得较笨拙，可能是由于逆风而行吧，行速缓慢。清军将领韩尚请求济度改日出兵，说今天的日子不好。济度听了不悦，淡淡地说："你怕什么，还有我在。下了应战书，岂有不战之理？郑成功岂不笑我怕他！风大他不怕，我们又为什么要怕呢？"于是，韩尚命令水手加速前进，不得延缓战机。水手们得令加大马力，终于驰向了深水域，濒临战区，却未见郑军的影子。这个时候，清军将领韩尚有些疑惑了：怎么不见郑军呢？没有攻击的对象，韩尚又拿起望远镜并将它举在鼻梁上仔细远眺，寻找目标，终于发现了无数小黑点正朝自己的方位驰来。

没过多大会儿，郑军战船浩浩荡荡地来了，最引人注目的是一艘庞大的舰艇上高高飘扬着一面大旗，"招讨大将军"几个赤红醒目的大字在阳光的折射下熠熠生辉。此时，清军水师在定远大将军的大旗下威风凛凛，军容严整，崭新的战舰、崭新的旗帜，崭新的军械，崭新的战袍和头盔。这是清军第一支水师，第一次和郑成功在海上较量。让人不解的是，此时郑军的水师多半是渔舟小舢板，个头矮小不笨拙，但显得没气势，从军容上看远不及清军，甚至犹如一片树叶漂浮在波浪上，颠簸得十分厉害。时下，两军已接近，浪头似野马奔腾，小舢板显然不太适应与高大的舰只正面作战，于是郑军敲起锣来，未开战就收兵。

这个时候，清军统帅济度见势有利，命令追击。但是由于舰只高大笨拙，行动不灵活，尤其在掉头的时候显得更不方便。炮打了不少，却炮炮落空，怎么打也击不中那小舢板渔舟，万炮齐发射中的尽是浪花而已。原来，郑军开来的这批战船是特制的，专作诱敌之用，它的速度是一般战船的两倍。郑军的战船小吃水浅，阻力小，又配八只桨，八人划一船，就像今日的龙舟竞渡一般。而且这些水兵个个水性极好，下了水可与水鸭比美。即使被恶浪掀翻，他们也不会淹死。因此，他们在船上胆大，毫无畏惧之心，能够灵活应对和攻击。这是郑军水师的最大优势。

没有海上作战经验的清军将领韩尚不知郑军使的是诱敌计，一个劲儿地往前追击，直追到围头渡了，却突然不知郑军的去向，只见无数渔船正在张网捕鱼。清军正在迟疑间，突然几声炮响，震得耳聩心惊。原来这些打鱼的船就是郑军水师化装的。一炮打响，万炮齐发，炸得清兵鬼哭狼嚎，樯倒船沉，伤亡惨重。这场海战异常激烈，双方备战了很久，蓄势待发，实力相当。别的暂且不论，就说两员帅将。一个是招讨大将军，一个是定远大将军，二人都是沙场上身经百战的老手。然而，清军虽勇敢，但大多不谙水性，见了恶浪站立不稳，随着船摇摆不定，全失去了自控力，自然战斗力下降。于是不战而溃的局面出现了，清军只好开足马力逃之夭夭。趾高气扬的定远大将军济度，不由得垂下了高昂的头颅。虽然已到山穷水尽的境界，但他消灭招讨大将军郑成功的决心丝毫未变。济度吃了败仗却不气馁，他依仗本钱充足，赌输了，还能再赌，不怕再次赌败。济度心想：兵家没有不败的将军！我总有一次会赢你。

济度身材高大而且壮实，地地道道一蒙古蛮汉。他总是那么威风凛凛地出现在军旅里，犹如狮子出现在草原上，浑身抖擞着威风。这位以干练精明、军务卓越而备受钦羡的贝勒王，掌握着清廷的重兵权。他很会打仗，被人誉为常胜将军。为了挽回这次海上惨败的面子，他着实辛苦和忙碌了一阵。由于又是一夜未睡，那黝黑的脸庞上，看去更加黯淡。本来是精光闪烁的大眼睛，这几天却布满了道道红丝，但他的步履依然是那么矫健有力。他一走进军营，就向各路将领宣布作战命令。

在海上，郑成功的义军时刻都掌握着主动权。郑成功知道，济度此次战败后，肯定不会就此罢休。为了摸清他们的动向，郑成功就派一些反应灵活的探子前去刺探军情。不多时义军侦察到清军的动向，甚是焦虑不安，这时候郑成功远在厦门岛屿，离海澄路途遥远。清军又是济度挂帅，提五万大军来攻，而义军的海澄守兵不到三千人，兵力相差悬殊。义军守将刘国轩只得急忙修书差人星夜送给郑成功，同时筹划破敌良策。良策运筹不来，只好充分利用地形，先挡一阵，等待援军到来后再一起消灭来犯之敌。当时刘国轩了解到，通往海澄有两条路，一条是山路，非常崎岖险阻；一条是平地，坎坷曲折不胜难行，而且有一段漫长的沼泽地，水虽不深，但泥泞难行，一不当心便会陷入泥潭，所以此道行人不多。于是守将刘国轩想利用这一有利地形，设伏消灭敌人。他派人在沼泽地上铺上杂草，然后又引一军来四面埋伏，再派三千人马作为诱军引敌深入。

这一招果然奏效。清军兵广将多，辎重甚丰，在定远大将军的麾下，自然士气高昂，根本不把义军放在眼里。据情报称，郑成功此时不在此地，他们觉得取胜的把握更大。清军气势凌人，五万大军风卷残云般杀向海澄。义军的三千人马对五万清军雄兵，这不成比例的仗

郑 成 功

也有打法，义军边打边跑，边跑边放冷箭，不让敌方识破其中有诈。果然，清军毫无怀疑和戒备之心，一直追杀到沼泽地带。清军一色的北方高大战马，驰骋飞腾，只顾穷追猛打。于是，他们在毫无防备的情况下，走在前面的将士连人带马都陷入沼泽中。这时，埋伏于两旁的义军弓弩手冲向敌阵，万箭齐发，片刻工夫便结束了战斗，敌军伤亡者过半。

济度水陆两战皆败，羞愧得无地自容，从此再也不敢言战了。义军水陆告捷，威震大江南北，让敌人闻风丧胆。义军士气空前高涨，郑成功更是气贯长虹，欲取清军要地南京，使清廷对西南不敢大肆用兵，从而减轻永历皇帝的压力。此时，郑成功被几员将领护卫着走进行辕大营，还来不及卸甲更衣，就被一阵急遽的马蹄声和"让开！让开！"的尖厉声惊住了。他回头一看，原来是周全斌风尘仆仆、汗水淋漓地驰骋到身旁，跳下马来，直奔营房而来。

"报告招讨大将军，这是皇上逃难时让刘绩大人转交给你的亲笔书札。"

"你说什么？皇上逃难！"郑成功惊诧地问。

"我没有说错，是皇上逃难！"周全斌一面说，一面拭着汗水。

郑成功急忙拆信来阅，眼前蓦地出现叛贼吴三桂驱千军万马攻打云南的情景。顿时，他一下子感到心都碎裂了，唯恨自己重兵在握却无力挽救危局，致使圣上蒙此大难。周全斌叹声说："乱世之秋，苍天不分尊卑。请国姓爷节制自己的情感，别伤了贵体。马上就开大战了，义军全靠你来统领，在这关键时刻，将军要珍重啊！"

郑成功余怒未消地对周全斌说年"我们无法马上打到云南去活捉吴三桂，但可以打到南京去威逼清廷，报攻陷云南之仇！你意下如何？"周全斌态度决绝地说："我坚决拥护！卑职我虽不才，愿冲锋在先！"于是，三天后，郑成功提十五万大军，命周全斌为先锋镇，浩浩荡荡挥军北上，通过铜沙滩，进入长江口，数百只战船舳舻千里溯江进发。大军经过江阴抵达丹徒，然后，眺望镇江历历在目。再往上去，便是南京的门户——瓜洲。瓜洲是进入南京的要冲地带，这里江面比较窄，水位也较深，水流湍急，大船过江时，艄公不得不打起十二分的精神来，以防突如其来的险情发生。但这里岸上屋舍俨然，由于陆地交通便利，进城出城往往取道这里。近年来，由于江北地区不停地打仗，加上天灾人祸频仍，无法安居，老百姓被逼得纷纷往南逃难，这里便经常可以看到成群结队的逃荒者拖儿带女，饥啼寒号，平添了一派凄凉悲惨的景象。不过，近来的南京方面为了防备打仗，已经下令封锁江上交通，不允许难民向南蔓延。所以平时熙熙攘攘的码头，如今却显得空旷冷落，死气沉沉了。由于清军得知郑成功大举北伐的消息，不敢轻敌，日夜大造防御工事，在瓜洲江面上筑起一道防线，名叫滚江龙。就是在江面上拉起一条铁索，拦江锁住，一端钉在焦山，一端钉在金山。清军江防工事密集，两岸还筑了箭楼。江面上排列着竹筏，称为浮营，其上密布火炮，火力可控制整个江面，而且镇守瓜洲的清军不下万人。守将叫左云龙，辅佐他的军师叫朱衣佑。

郑成功的义军来到瓜洲江面的时候，发现清军防务森严。面对这样的障碍和困境，郑成功不但没有退却之意，反而更加坚定地对将士说："敌人想凭借长江天险，阻止我收复金陵，但是，我们要想胜利，就要不畏艰难，不怕牺牲。现在由张亮率一只快艇，前去砍断滚江龙，左提督马信和前锋镇余新各带战船五十艘前去摧毁浮营，中提督甘辉和右提督翁天佑直取瓜洲，不得有误!"张亮是水师中富有作战经验又勇敢顽强的闯将。他身先士卒，乘着一只快艇冲向滚江龙。浮营上的敌人用密集的炮火向快艇轰击。炮弹如雨点射向快艇，快艇却毫不理会照样朝前猛冲，眨眼工夫便驰近了滚江龙，放下水兵，然后又掉头回去，把炮火引开，好让水兵去砍滚江龙。炮弹何以打不沉这快艇呢？原来这只快艇外面裹了一层厚厚的棉絮，炮弹被棉絮挡着，只冒出团团青烟而已，根本伤不着艇身。那时的土炮射程不远，火力较弱，加上快艇自身坚固，中一两个炮弹伤不了要害，在快速勇猛的情况下一般都能完成任务。这是张亮第二次尝试，他又成功了。这个时候，经过严格训练的水兵，一刻的工夫，就将滚江龙断为两截，同时浮营也被余新摧毁。郑军见没了拦路虎，便开战船直闯而入。

此时，清军看到郑成功的水军直逼而来，非常惊惶，其守军也不战自乱。很快，郑军的水师长驱直入，周全斌的水师率先抵达，与清军交了一阵火，清军不堪一击，四处溃散。周全斌与清将左云龙展开一场激战。战了几十个回合，左云龙见周全斌十分骁勇善战，掉转马头便跑，被周全斌一箭射下马来，滚落江里去了。后周全斌也跳进江里将其擒获，并枭其首级。随后，周全斌提着左云龙首级往回游来，正好发现了水下还藏着一个人，见了自己正浑身发抖。周全斌如抓小鸡将他抓了，提到岸上，有人认识，说他就是左云龙佐军军师，名叫朱衣佑。于是，周全斌将他押去见郑成功。此人原是崇祯末年的一批贡生，做过明朝的官吏，后反目投降清廷，并来到清军军营，当了一员反明干将，随清军四处逞凶。因此，此时的他心中恐惧万分，一见郑成功便叩首不已，连连喊着"国姓爷饶命"，并说："罪臣死有余

复国大计终难成 另谋大业进台湾

辜，即使就地正法，小人也无悔；但念家中有八旬老母无人赡养，祈求垂怜。"郑成功是个极重孝道的人。听他说有八旬老母，就放了他，又赠予川资，让他回家伺候老母。当晚，郑成功犒劳三军将士，庆贺光复瓜洲的重大胜利。

九月，郑军围攻太平、天台，清朝守将都大开城门，向郑成功投降。清廷福建总督李率泰看见郑成功的大军远行，就调集兵力，袭击郑成功在福建的根据地。李率泰征调黄梧的军队，黄梧没有及时接受命令前去，引起李率泰的猜疑，他就把黄梧的兵将全都编入八旗之中。随后，李率泰率领清廷军队攻打闽安镇，守镇的兵将因为人少，抵挡不住进攻，被迫投降清廷军队，但是，这些投降的郑军都遭到了屠杀。郑成功听到闽安被攻破的消息后，担心厦门会被攻破，便留一支部队镇守浪崎，自己率领兵将赶回厦门防守。

顺治十五年（1658 年）一月，郑成功召集文武官员，一起商量军事大计。自从郑成功对清宣战以来，在早期的较量中郑成功能够准确分析敌我形势，并且利用自己的优势取得了一系列的胜利。抗清复明的斗争进入了一个新的阶段。

大意轻敌，南京之战受重创

自古言，骄兵必败。郑成功率领的义军在海上同清军较量取得一系列胜利后，郑成功就显得过于乐观了，并且越来越独断，听不进部下的建议，这些给他的复国大计带来了致命的打击。

当时，吏官潘庚钟坚决主张应该直奔江南，攻打金陵。甘辉则认为江浙地区很广阔，必须用几十万的军队攻占不可。如果大队人马都开到那里，两个岛都会暴露，不如就在近处寻找清廷军队的薄弱之处进攻，想要进攻时就可以出兵，想要撤退时也可以防守。郑成功接受了北伐的主张，并派人去广西，请求永历皇帝派兵和他在长江会师。明永历帝接到郑成功的求援后，立即任命在浙东一带活动的鲁王部将张煌言为兵部侍郎、翰林院学士，让他统率军队进行北伐，又分别授予郑成功手下的将领各种爵位，鼓励他们英勇作战。就这样，郑成功又一次开始做出征的准备。他模仿清朝将领阿格襄的装备，造成铁甲，又命令各镇将把身体强壮的士兵带到演武亭前，亲自选拔。

顺治十五年（1658 年）二月，清廷把军队分成三路，分别向云南、贵州前进，准备彻底消灭永历政权。郑成功为了牵制清廷军队的注意力，开始了第二次北伐。郑成功临行之前，为了严格约束部队，又颁布军队的纪律和条令。五月十三日，郑成功命令黄廷、洪旭、郑泰协助董夫人、郑经留守在厦门，亲自率领十七万大军出发，其中有水军部队五万、骑兵五万、一万军队来回进行接应。还有八千手中拿着斩马刀的铁人，号称"八十万大军"，分为三程，第一程由甘辉指挥，第二程由马信、万礼指挥，第三程由郑成功亲自率领。郑家军的船队沿海经过平阳、瑞安，向北行进到达长江，同长期坚守在浙东的张煌言会合。经过短暂的休息和调整之后，八月初九继续向北行进，当晚停泊在军山。

但是，天公不作美，正当他们准备全力行军的时候，第二天中午却突然刮起狂风，巨浪连天，郑成功的船队被冲散，很多船只都沉到了海中。在风停天晴之后，经过查点，发现郑成功的第六位嫔妃和二儿子郑睿、三儿子郑浴、五儿子郑温都不幸被淹死了。军队中的将士一共死了八千多人。出师未捷就遭受到这样的打击，郑成功一时陷入了痛苦之中。无奈之下，郑成功暂停进军，对部队进行休整，以待风停后行军。经过两天的休整，郑成功重新率领军队向北进发。出发前，他再次强调了"恢复大明江山，上报国恩，下救百姓"的决心。

义军将领万礼因为地形不熟，不敢贸然推进。正迟疑观察之际，突然，山顶上擂起"咚咚咚"的战鼓，同时，竖起一面清军旗帜。蓦地，从巨石后、草丛中、树林里冒出许多清兵，由一员大将率领，猛冲而来，气势汹汹，令人胆战心惊! 此将名叫管效忠，是清军名将，此人谋略不凡，屡建赫赫战功。清廷获悉郑成功挥军南京，特派他来增援，他率军刚从滇池驰军到此。

管效忠料定郑军取了瓜洲必然借道银山，故而早早在此布下"口袋"，专等郑军来投。万礼的军队与之不期而遇，并茫然撞到"口袋"边缘，形势险恶，军情十万火急。万礼立即组织突围。他见刚来的方向敌军火力不足，"袋口"尚未完全扎紧，于是挥军拼命回杀而去，侥幸退出了"口袋"，虽损失了一部分士卒，但是尚未全军覆没。这件事令万礼痛心疾首、懊恼不已。因为，郑军自瓜洲以来，大小战役数十次全都旗开得胜，唯独他开了战败的先河。如此想来，他觉得无脸见招讨大将军，负荆请罪之意油然而生。郑成功一见他那副沮丧悔恨的请罪模样，哭笑不得地说："将军何以如此？胜败乃兵家常事。你不必过分自责了。"万礼感动不已。郑成功又对他和众将领说："打仗失利是难免的，关键是失利而不能失志，穷途更坚方是英雄。身为将军更应该是这样的楷模。我军下一步要打更大的战役，立功赎罪的机会很多。希望各位将领，胜者戒骄，败者戒馁，全军上下，英勇杀敌。人人争取功垂千古，个个不忘英名永存！"郑成功讲得非常激动。他停了片刻，下达命令说："夺取南京，先必夺取镇江；夺取镇江，又先必卡住观音门，切断南京援军之敌。镇江的唯一屏障是银山，摧毁银山之敌，镇江便可不攻而破！大家听明白了战役部署吗？"

第二天，郑成功来会管效忠。二人战于银山之下，战斗异常激烈，直战至晌午。因狂风大作暴雨瓢泼，二人方罢休回营。随后一连三天，风雨不歇。第三天初更天空方见星斗，郑成功欣喜地说："雨后初晴，满途泥泞，明日进兵，对敌不利，敌人的骑兵虽骁勇，却不能完全发挥应有的战斗力。我军破敌的机会来了。"众将揣摸着主帅的心思，莫不欲一展绝技，来个先声夺人，尤其是那个万礼更是想一洗银山兵败的耻辱。管效忠与神将严防务商议如何破敌，严防务向管密献计策。

管效忠依其之计，兵分两路，来到银山脚下，只见山下竖满旗帜，阵势赫然，心中大喜。营门启开，清军两员悍将引军出战，前有严防务，后有马虎，阵势十分凌厉。郑军由马信引一路人马出阵擒敌，直取严防务。双方交战数个回合，严防务不敢恋战，掉转马头往银山西北坡上败走。马信追赶，半路杀出一将将他拦截住，两人杀了三五个回合，

清军骑兵

马信已不见严防务的人影马迹了。那将也不再战，败退回走，半路上扔下密书一封。马信下马拾起那密书，撕开封皮来看，只见上面写着："今夜初更，营内举火为号，便可袭营。切切勿疑!"马信看了半信半疑，回来将信交与郑成功看。郑成功也是信疑各半。因为，像这样的事情军旅里常见，真真假假难辨。于是，郑成功宁信其有，下令如约行事。

当晚，郑成功调兵遣将一番，命马信率兵在左，陈魁引兵在右，他自己和周全斌、甘辉率一支人马直捣敌军中营。半夜，果真营里起火。郑成功下令偷袭。甘辉说："国姓爷须待在营外，提防有诈，容我先入营中探视一下虚实。"

郑成功斩钉截铁地说，"我不亲往，岂不是贪生怕死!"他一面说一面飞马直入。营门开启，他拍马舞刀，奔至中营，到了中营，他见

势不妙，知是诈计，忙策马回奔。此时，一声炮响，喊杀声如山呼海啸。清军东营转出张忠，西营杀出李嵩，二将夹攻而来。郑成功见势危急，往南夺路而逃。道旁又冒出一将拦住他去路。郑成功挥刀一下便将此人斩下马去，然后急转北路，半路上又遇敌人拦截。敌兵人多势众，把郑成功团团围住，情形岌岌可危。幸亏甘辉及时赶到，冲杀进去，分散了敌人的兵力。甘辉猛杀了一阵，回头不见了郑成功，不敢恋战，拍马去追，遇见周全斌。周全斌劈头便问："国姓爷呢？"甘辉回答："我也在寻找他。"周全斌又说："你快去催救兵，我再去寻他。"周全斌四处寻找，杀入清军北营，撞见陈魁。陈魁问："国姓爷在哪？"周全斌回答说："我寻过南北两营均未见，真急死人也！"二人同往东营，只见炮火连天，马啸号鸣，双方混杀成一片。周、陈二人冒死突围，四处寻找郑成功，心急火燎。

此时的郑成功正单人匹马混在敌营中东跑西突，正转杀在中营，火光中他瞧见管效忠挺枪跃马而来。郑成功以手掩面，加鞭纵马而过。管效忠忽然掉转马头追上来，将枪往郑成功盔上一敲，问："郑成功在哪里？"郑成功手指前面的一员将领说："骑赤兔马者是也！"管效忠纵马向前追赶。郑成功拨马向西而去，正逢周全斌杀到。二人大喜，一起杀出一条血路，出了北门，脱了险境，急匆匆往回奔。刚一回营，众将连忙前来问安。郑成功仰面叹道："误中匹夫之计，让我险些丧命，此仇必报！"

郑成功说："诈称我被乱箭射中，回营后毒性大发，无药身亡。管效忠必定引军来攻。我军伏兵于银山南麓，候其兵马到时击之，管效忠可擒矣。"众将得计，各自回营，大造声势，将士挂孝吊丧，哀恸欲绝，人人呼天抢地，个个死去活来。招魂幡四处飘扬，哀乐惨惨凄凄，悼念的气氛异常逼真。这情景早被清军探马探去，报与管效忠。管效忠闻讯大喜，随口点兵遣将，果然杀奔郑营而来。

清军浩浩荡荡奔到银山南麓，忽然一声炮响，郑军伏兵四起。管效忠的人马受惊大乱，互相践踏，纷纷夺路而逃。郑军追杀，矢箭如雨，清军折兵损将无数，败回营寨，坚守不出。第二天，郑成功率军来攻。管效忠引兵来迎，于银山下决战。

郑军马信出阵，清军马虎应战。马虎虽名叫马虎，战起来可不马虎。他跃马挥戈，矫若游龙。二将酣战数百回合，从辰时杀至未时仍不见高低。马虎一味逞勇，马信沉着应战。善战者比逞勇者省力，却更耗精神。二人渐渐体力精力不济。马虎不敢恋战，掉马回奔。马信也无力追赶，回马走人。二将均不言败，堂而皇之休战。随后，清军副将严防务策马挥刀出战。此人身长八尺四寸，腰粗十围有余，甚是魁梧。只见他手提大刀，大喝一声，天震地动，摇身一变，原来是个黑脸关公。再看郑军中出战的将领万礼，象耳虎眼，牛高马大，狮背熊腰，乃顶天立地一英雄。

两将于阵前展开一场龙虎斗，斗得尘土飞扬，天昏地暗，百余回合仍难分雌雄。万礼无心久战，欲速胜之，诈败而走。严防务紧追而来。万礼以拖刀背砍之法，说时迟，那时快，猝然翻身一刀砍去，正中严防务右臂。严防务站立不稳，又被万礼复砍一刀，身首两处矣。管效忠见失了一员裨将，激愤起来，欲策马来战，忽被一壮士出马挡住。管效忠见其人威风凛凛，杀气腾腾，心中大喜说："也好，让他出阵去斩宿敌，消我心头之恨。"郑成功令周全斌出战，并低声嘱咐他说："这次你出战宜败不宜胜。"周全斌领命飞马而去。周全斌与那壮士战至二十回合，败走回营。壮士赶至营门，被弓箭射回。片刻，壮

郑 成 功

士复来骂阵。周全斌复出再战。壮士骂："败将安敢复出?"言毕，纵马来战。周全斌略战数合，便掉马走人。壮士求胜心切，快马穷追，直追五里，猝不提防人仰马翻，被伏兵绑来见郑成功。

郑成功礼贤下士出了名，哪怕是对待敌方败将。他见壮士被绑押上来，连忙上前亲解其缚，又是奉茶，又是赐坐，与他亲切寒暄，亲如家人，问其籍贯姓名。壮士说："吾乃广西人氏，姓朱名冲。由于清军兵乱，遂聚众自卫。后来被清军诱骗，投在管效忠麾下，兄弟人服心不服，又眷念故土，受尽歧视，尝尽苦难，无不怨艾。但欲反又不能，后又被清军分化。我虽为将领，手下无一个亲兵。今日主动请缨，并非真心想杀贵军。我早闻国姓爷大名，知国姓爷爱兵如子，故有心来投诚，不知肯纳败将否?"郑成功闻言大喜，拜朱冲为中镇粮饷官，又赏赐银两若干。朱冲受宠若惊，为报答知遇之恩，愿返回清军营寨去，为义军另作图谋。

第二天，郑成功领兵来战。甘辉横枪大骂，骂得管效忠大怒，命马虎出战去擒甘辉来问罪。马虎领命出战。二将勇斗上百回合，不分上下。管效忠暗暗称赞二将武艺绝伦，并料定马虎难胜甘辉，暗使朱冲助战。朱冲窃喜，拍马出阵，从背后杀出，一戟刺去，正中马虎背心，马虎落马。管效忠大惊，骂："叛贼，不得好死!"然后气急败坏亲率两员大将出马战甘辉和朱冲。五员虎将大战于银山脚下，直杀至天黑方休。到了第二天，双方又各领大军来战。清军死伤三分之二，剩下的残兵败将护卫着管效忠逃往南京。郑成功乘胜追击，水陆并进，势如破竹。清军纷纷落荒而逃，投降义军的也不少。郑军力克镇江及其属地多处，清军皆竖白旗投降归顺。附近官府和扬州、常州等地的原来明朝官员降清苟安的，闻讯郑军大捷，由观望而行动起来，纷纷

复国大计终难成 另谋大业进台湾

复来攀附。百姓益发拥护义军，义军所到之处，民众纷纷置办美酒犒劳将士。郑成功以所向披靡之势夺了瓜洲、银山、镇江之后，战局迅速好转。攻克失地，节节取胜，义旗所指风靡一片，令满清朝廷十分惊慌。

这个时候，战势对郑成功非常有利。于是，郑成功召集各将领商量镇守瓜洲和进攻镇江的事情。张煌言说："尽管瓜洲的清廷军队在陆路战败了，但是水师退入了芜湖，肯定是后患无穷。"随后，郑成功命令张煌言和杨朝栋率领水师前镇逆流而上到芜湖，进行追击，并堵截从长江上游赶来的清廷军队的援军，命令援剿左镇在瓜州留守，派监纪柯平管理沿江防务和地方事务，自己率领兵将沿着水路直奔镇江。郑成功亲自监督作战，郑家军枪炮齐发，全体将士没有一个不是以一当十，奋勇死战。银山地区地势复杂，道路狭窄，河沟密集，交叉分布，清廷军队的骑兵无法发挥优势，以至于大败逃散，淹死的、踩死的不计其数。郑家军乘胜追赶了十几里路，缴获了大量的马匹、骆驼、盔甲、弓箭。郑家军只损失了几名士兵。镇江守城的清廷官员看见大势已去，就开城投降。郑成功命令右武卫周全斌留守在镇江。郑成功在教场山下训练军队，百姓们纷纷扶老携幼，到面前来观看，都说郑家军是"天兵"，赞扬他们英勇善战，军纪严明。二十八日，郑成功召集各将领商量要进攻南京。

七月四日，郑家军乘船逆流而上，猛扑南京，在沿途到处张贴檄文，檄文富有文采，铿锵有力，表现了郑成功的儒家风范，对于北攻金陵，反清复明，确是一个鼓舞人心的号召书。余新率先头部队神速占领了神策门，领五千精兵伺机攻城。东城门突然大开，清兵趁义军立足未稳，派出大批精锐骑兵，疯狂向余新的部队冲杀过来。清军骑

郑成功

兵尽是蒙古兵马，勇猛剽悍，是一支训练有素的精良部队，擅长冲阵，其势锐不可当、屡屡得胜。这次，没想到义军对他早有所了解，研究了防范的对策：以铁甲兵迎敌，将士个个身材高大，戴盔着甲，简直铁人一般，而且个个擅长于挥舞大刀，专砍骑兵的马脚。清军骑兵虽勇，却奈何大刀不得，常常人仰马翻，弄得清将无计可施。清兵失了优势便不敢再战，退入城中去了，随即紧闭城门，任凭义军如何搦战他们就是不理睬。

很快，浦江、太平、江浦、六合、芜湖、当涂的守城将领听到这个消息纷纷把守城大权献出来，归顺了郑成功。江南各处不断有归附郑军的官兵，从形势上看郑军的威望与日俱增。然而此时郑军也正在不知不觉中丧失了自己的优势。

一天，守城的清军总兵郎廷佐，在城楼上用单筒千里镜眺望，见义军人强马壮，兵器厉害，声势浩大，数里之外军营密布，料定难挡义军的攻击。于是，聚众商议破敌之计。大将梁化凤说："郑军水陆并进，长江上舳舻千里，陆地上营寨无数。我军被重重包围，失去了外援，宛如一只困兽，哪怕是一只猛虎，也是有威发不出，如此下去，久围必自溃。眼下，唯一的出路，就是派一员大将率一支精兵杀出重围，前去讨救兵，来个内外夹击，方可退兵，南京城才能无恙。"

过了几日，郑军从捉到的一名从南京出来送情报的人员那里，了解到城中的情况。原来南京总督管效忠自镇江败回后，知道郑军即将进攻南京，便日夜督理防城器械，并派人前往苏、松等处求取援兵，同时向北京清廷紧急奏报求援。城中守军已被吓破了胆，奏报中称郑军有水师二十余万，战船千余艘，俱全身是铁，箭穿不透，刀斩不入。从瓜洲、镇江败回的兵将，仍然惊魂未定。指挥战局的人也一筹莫展，

复国大计终难成 另谋大业进台湾

不知如何是好。郑成功得到这个情报非常高兴，他说："城内到了这种程度，南京一定会投降的！"郑成功命人起草了一份劝降书，指出南京的困境，劝其投降，随后将信绑在箭上射入城中。

七月十二日，郑成功率文武官员拜祭大明太祖朱元璋。江风习习，松涛浩浩，郑成功与诸将全身缟素，向孝陵方向跪拜。郑成功泪流满面，诸将也无不哭泣。在一片得胜声中，诸将纷纷请求早日攻城。大将周全斌说："如今已占领瓜洲，用兵贵在神速，如果一鼓作气将南京拿下，将皇帝迎驾过来，那么中兴大明便指日可待了。"

一片胜利的有利形势使郑成功被胜利冲昏了头脑，他认为南京是囊中之物，很容易就可以得到，于是便命令大军分头驻扎，经常举行宴会。有些将领、士兵也产生了骄傲情绪，前锋镇的将士甚至在防守的阵地撒网捕鱼。将领甘辉看到这种情况，深深感到忧虑，提醒郑成功说："我们的军队长时间地驻扎在城下，不去攻城。敌人的援兵一旦来到，我们就会多费很多的时间和力气。"郑成功却另有一番考虑。他说："自古以来，攻打城池，抢占土地，一定会有许多的死伤。我之所以没有及时攻城，是想等敌人的援军都到齐了以后，一战就打败他们。管效忠知道我的手段高明，即使不投降也会逃走，而且江南各地相继归顺我们，南京一个城市孤立无援，不投降还等什么呢？"

后来的事实证明，郑成功在这件事上犯了战略上的错误。他错误地估计了当前的形势，自以为清军必然或降或走。当然，郑成功不急于攻城，也有其他方面的原因。比如当时的他们的枪炮尚不十分充足，其他各路抗清兵马尚未到来等。正是由于他的过于自信、过于慎重，最终失去了攻下南京城的大好时机，并导致了这次北伐的失败。

郑成功到了南京城下，不禁感慨万千。望着烟波浩渺的江面和笼罩在雾中的城楼，他慷慨赋诗：

> 缟素临东誓灭胡，
>
> 雄师十万气吞吴。
>
> 试看天堑投鞭渡，
>
> 不信中原不姓朱。

这首诗虽然力透纸背，至为感人，充分显示了他的胸襟和文采，但也显现出他的自负。郑成功大军包围南京，江南各地为之震动。负责江宁驻防的管效忠不敢出战，紧闭城门防守待援。

随后，郑成功传令各提督统领，限令二十二日安炮攻城。然而清兵援军已开始向南京集中，总兵梁化凤于十五日自崇明赴援突围入南京城，与城中守军合为一股，加强了防守力量。

二十二日中午，双方炮战正式打响。清兵在仪凤门安置火炮，与郑军前锋阵对击，郑军的炮架设在路口，全被击碎，官兵无立足之处。接着清军大队冲出城来，也有的从屋顶上冲下来，郑军救应不及，前锋镇余新、左营董廷，和大小将领官兵全军被歼。中冲镇副将萧拱柱也阵亡，萧拱宸浮水而逃。清兵趁势蜂拥出城扎营。首战遭受挫折，郑成功当晚重新布置了兵力，传令抽兵驻扎观音山待敌。郑成功的部署是：左先锋镇杨祖，统援剿右镇姚国泰，后劲镇杨正，前冲镇蓝衍屯扎大山上，做犄角应援；中提督、五军，伏在山内；左武卫、左虎卫，列在山下迎敌；郑成功督右虎卫、右冲镇万禄，在观青门往来应援；后提督、宣毅左等堵御大桥大路；右提督、宣毅后镇、正兵镇，由水路抄敌后路；左冲镇专理水师，防止敌兵由水路抄来。

郑成功的这个布阵再次犯了严重的错误。他将兵力分散于难于及

复国大计终难成 另谋大业进台湾

时救援之地。一旦一路遭到清军优势兵力的攻击，其他各路很难及时赶到救援。这天晚上，清兵乘胜逼近郑军营地扎营对垒。

二十三日，清兵大队人马数万人从山后抄出，南冲左先锋镇之营，但郑成功已传令中军营，无令不许轻战，而山上山下又隔远不见，只听清军的冲杀声。清兵动用了全部的攻坚器械，炮火交集，郑军无处容足。清军一齐下马死拼，郑军将士冒死迎战。郑成功派遣右冲镇、右虎卫镇前往援助，左先锋寡不敌众，已被清军杀败。前冲镇蓝衍战死阵中。清兵乘胜从山上冲下，中提督、五军等在山内被围，死战不得突围，相继阵亡。左武卫、左虎卫在山下整军死拼，但大势已去，独立难支，终于也被歼灭。后提督堵御大桥头，遭到清兵首尾夹击，被歼灭。

郑家军大败，左先锋镇、右武卫镇、右虎卫镇几乎全军覆没，这三镇的将领和后提督万礼，户宫潘庚钟先后战死。正当江边上的攻守之战趋于白热化的时候，郑成功率领一支亲兵杀至大桥东侧，见军师倒在血泊之中，气息奄奄，欲救其上马，军师流着泪说："我重创无望，不要管我，请主帅自保。"郑成功没有办法，只好指挥军队登船撤退。

率军队进军芜湖的张煌言，进展十分顺利，沿途收复了许多郡县。百姓们都出门准备好酒菜，迎接他们。郑成功战败的消息传来，张煌言马上派人带着密信连夜到郑成功的军营，劝他现在最好的选择是进攻，并在信上说："胜败乃兵家常事，我们所倚靠的是民心，而且上游的许多镇我全守得很好。如果增援我战舰百艘，沿江而上，收复失地，或许尚有可为。倘若骤然而返，将置江南百万人民于何地呢？"然而，郑成功不肯听从，竟派蔡政去北京议和，自己率船队从海路匆忙退回福建，致使张煌言孤军无援，被清军围困在芜湖，不幸全军覆没。

后来，张煌言只带着一两个从人，从小路逃往天台一带。张煌言隐姓埋名，流落江湖。轰轰烈烈的北伐到此画上了句号。郑成功回到厦门，先在城外哭祭阵亡的将士，建立忠臣祠，优厚安抚他们的亲属，然后才进城。当郑成功直捣金陵的消息传到北京时，清政府十分惊慌，顺治皇帝亲自前往南苑练兵，准备亲征。没多长时间，清军大获全胜的消息传来，顺治帝很高兴，马上提升梁化凤为江南提督。此时，清军在云南、贵州也取得了决定性的胜利，永历帝逃往缅甸，李定国逃往云南少数民族地区，这样，清政府就可以全力以赴，围剿郑成功。十余年来精心谋划的北伐壮举，就此以惨败结束了。后来郑军虽然迅速撤回，但也只保得金门、厦门两岛，元气大伤，十年之功，毁于一旦。郑成功的中兴事业，受到了严重挫折。

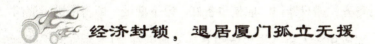

经济封锁，退居厦门孤立无援

郑成功率领的北伐战争失败后，即刻退居厦门（也就是思明州），这是当时郑成功势力最强，也是最坚实的一个根据地了。然而，此时清廷的战略也发生了变化，清廷不再以和谈来争取郑成功了，而是采取强硬态度。逮捕了私自与郑成功联系的马进宝，以内大臣素达为安海将军，与浙闽总督李率泰，准备共同领兵攻打厦门。

顺治十六年（1659年）年底，郑成功得到清兵即将围剿厦门的消息。面对十分危急的形势，郑成功立即召开会议，分析敌我双方形势，布置反围剿的准备工作。将士们一致认为，经过这么多次的战争，清廷的军队也遭到了严重的削弱，在短时间内还难以将军队聚集起来再次发动进攻。所以，当务之急，就是要抓紧时间备战迎敌。另外，清军以北方陆军士兵围剿我海岛水师，是以短制长，犯了兵家大忌。随后，郑成功还谈了自己的设想：驱逐荷兰殖民者，收复台湾，一则解救台湾同胞于水深火热之中，二则可将台湾辟为抗清的根据地，厦门的大后方。

顺治十七年（1660年），郑成功退回厦门后，一边招募失散的将士官兵，修整战船，打造武器，一边等待北京清政府的动静。他祭祀阵亡将士、安抚阵亡将领家属，厚给抚恤，议定南京战役的功罪，使人心渐渐稳定，兵力又有所恢复。三月，郑成功得报，说清将素达已到达泉州，正在修理水师，准备要来攻厦门。四月，探报称清兵出征马匹已备齐，船只器械、舵梢也备好，定下期限，即将来进犯厦门。

郑成功派人将各提督统镇官兵家属搬往金门，并布下重兵结为船队，前往崇武停泊，以抵御泉州港和所有从上流来的清兵船只。为鼓舞士气，郑成功向全体官兵发出一道谕令。他在谕令中指出郑军的优势，清军的短处，以消除官兵中存在的畏清心理。郑成功回顾了与清军在瓜洲、镇江之战，说明清军并非不可战胜。而且此次清军舍弃了马之长技，而与郑军争衡舟楫之间，不仅船只少，而且所用人员也大多是叛降者。因此，郑军能取胜是很明显的。为了激发将士斗志，他约定又特设一赏格，不论大小将领官兵，一律照赏格立功受奖。

顺治十七年（1660年）四月二十六日，清军泉州港水师船只200余艘，进到祥芝澳，步兵登陆，船只傍山边而行，停泊在围头，步兵就地扎营。郑成功则一切准备完毕，只等敌人来攻。五月，李率泰和素达，带领降将施琅、黄梧等人合力进犯。素达兵进海门，李率泰兵进金门附近浯屿。五月十日，双方在海上大战，各有伤亡。中午时分，郑成功站在中军舰上，一手拿着指挥旗，一手拿着宝剑，问左右将领："海面是否已经平静？"诸将回答："平静了。"郑成功胸有成竹地说："海流平静就潮转，潮转风就随之而转。"于是下令发出信号，命令各船发起进攻。郑成功下到八桨快艄上，来往巡视，鼓舞士气。果然，顷刻之间，海面上刮起了强大的东风，波涛翻滚，船只上下猛烈颠簸。郑成功手持战旗，指挥各船与清军交战。清军在郑军的猛烈攻击下阵脚大乱，死伤无数。李率泰领兵从浯屿赶来增援，被早有准备的郑军两面夹击，焚烧清军船只。敌船处于逆潮之中，船只互相碰撞，损坏无数。船上清军，站立不稳。在郑成功的领导下，郑军在退居厦门后取得了第一次胜利。

然而，此时的清军攻势很强大，形势对郑成功来说还是很不利的。清军分水陆两路向厦门扑来，两军在海上展开了激烈的战斗。当天早晨清军400条战船趁着涨潮，攻击海澄县东北角的圭屿。郑成功的大将陈辉和周瑞率领战士拼死反击，终因寡不敌众，周瑞壮烈战死，陈辉退入船舱，点燃炸药，与到船上的多名清兵同归于尽。陈辉的壮举，吓得清兵以后再也不敢贸然登船。

后来，驻守高崎的郑军右虎卫陈鹏暗中通敌，他派人与同安的清军总兵施琅密谋，准备在施琅兵至时，放空炮，让他顺利登岸。施琅以为自己策反已经成功，并且按照陈鹏当时的许诺还能够争取更多的将士，所以，当施琅的军队登陆的时候，陈鹏的弟弟陈蟒不顾一切地领兵冲杀出来。清军以为是陈鹏出来迎接，毫无防备，等明白过来时，已被杀得溃不成军。这一仗，清兵被郑军斩杀或被潮水淹死的，不计其数，清军大败。而通敌的陈鹏，被郑成功抓住，将其斩首，以正军法。从此以后，素达、李率泰的军队再也不敢来进犯了。经过这次战役之后，清军的精锐部队遭到了毁灭性的打击，使得清廷再也没有精力在短时间内组织征剿了。

六月，郑成功派使者去见素达、李率泰，并送去妇人穿戴的衣帽，要求他们进行决战，否则，便接受巾帼，表示低头认输。素达、李率泰忍受郑成功的侮辱，始终不敢再战。素达在朝廷的压力下，不久便在福州吞金自杀了。郑军虽打败了清军的进攻，暂时保存了基本力量，但整个抗清形势，对郑军来说依然不容乐观。

素达、李率泰被郑成功打败以后，清政府看到郑成功仍得到东南沿海人民的拥护，东南沿海一时难以平定，感到非常棘手。于是，清廷暂停了进攻，但却同时加紧了对郑军的封锁。郑军的处境日益不妙起来。随后，清廷对江南各府州县迎接郑成功的人进行了严厉的追查，株连被杀的极广。经此一挫折，江南士民盼望复明，怀念故国之心，遭到巨大打击，从此死灰再也难于复燃了。整个形势对郑军极为不利。在军事上郑军成为一支孤军；在政治上江南百姓面对清廷的残酷镇压，也不敢再对郑军友好了。

面对这样严峻的局势，郑成功重新调整了军队的组织、将领，分派各镇到温州、台州、舟山各港地方屯扎、征饷，休养训练。同时，郑成功发布告示，广行招募旧时散佚的官兵，修整船只，备造军器，兵力渐渐有所恢复。东进台湾，转移根据地是他思虑已久的事情。他考虑派遣前提督黄廷、户官郑秦督率援剿前镇、仁武镇前往台湾，打平障碍，安顿将领官兵家眷以为长久之计。

同时，清政府又采取了经济封锁政策。清政府采纳了原是郑成功部属、熟知福建情况的降将黄梧提出的"平海五策"，就是想把闽、浙沿海一带的老百姓与郑成功隔离开来，切断郑成功与老百姓的一切联系。黄梧熟知郑军及东南沿海的情况，他给清政府呈上的所谓"平海五策"具体内容是：

第一，金门、厦门以小小的弹丸之地，之所以能够抗守至今而不溃败，是因为沿海百姓为了获利铤而走险，供应给郑军粮饷油铁桅船等物资。如果将山东、江苏、浙江、福建、广东沿海居民全部迁往内地，并设立边界，派兵把守，不许百姓到沿海生活，防止百姓与郑军接触，那么就切断了郑军的物资来源，郑成功就不攻自灭了。

第二，郑成功的父亲郑芝龙居住在北京，郑成功常通过南北往来的商贩探听清政府的消息。应立刻追查通送情报的人，并严加惩治。货物政府没收。这一条是要断绝商人同郑军的联系，主要是切断郑成功的情报来源。

第三，郑成功家的坟墓，现分布在各处。叛臣贼子，应该诛杀其九族，他的祖坟也不能放过，应该将其全部毁掉，使其命脉断绝。

第四，将沿海的船只全部烧毁，不许寸板下海。所有入海的河流处都禁止木材运送。如果有违反的，杀无赦。郑军虽然人多船众，但船只日久无法修复，自然腐烂。而粮草也无法接济，这主要是断绝郑军的海上交通工具的来源。

第五，东南沿海投诚清军的官员，散居在各府州县，倘若从中捣鬼，又会给地方造成祸乱。可将投诚的官员迁往各省，进行分垦荒田，不但可以解散他们内在的不良联系，还可以开拓疆土之内的地方，富足国库的收入。

为了尽快消灭郑成功的势力，清政府采纳了黄梧的"平海五策"，并且派遣兵部尚书苏纳海到福建监督执行，强令沿海地区百姓放弃自己的家园和田地房产，内迁30里。并严令沿海地区军民人等，寸板不得下海，违者处斩。清朝在福建、广州的各级政府官吏和衙役，有许多原本就是郑成功派出的密探，有的早已被郑成功买通，替郑军收集情报。黄梧掌握这些情况，把这些人全部处死。

清廷实行的"平海五策"断绝了郑军与沿海百姓的联系，也断绝了商人与海外的联系。郑军庞大的商业网，过去从内地购买生丝和丝绸等土特产，船运到日本、巴达维亚等地，换回白银、胡椒等中国缺乏的物资，获利达几十倍甚至上百倍，而"平海五策"断了郑家财路，仅靠孤悬海上的厦门、铜山、南澳几个海岛，很难供养庞大的军队。

此时，清政府又将靖南王耿继茂调往福建，与郑成功对峙。此时其他抗清力量已基本瓦解，只剩下郑成功孤军奋战，形势异常险恶。要想保住郑军，把抗清斗争坚持下去，必须打开新的局面，仅限于东南海上这点地方，是无法恢复大业的，甚至想避免再次遭到清军的打击也是困难的。此时的郑成功真的是孤掌难鸣，要想不被清军消灭，就只有另辟抗清根据地了。

摩擦不断，郑成功有意进军台湾

台湾自古就是中国领土不可分割的一部分。台湾出土的石器，像石斧、石锛和石镞，和中国内陆沿海地区出土的石器属于同一类型。台湾出土的彩陶器和黑陶器，证明台湾的新石器文化是从大陆传过去的。

早在公元230年的历史文献上，就已经有了关于台湾的记载：三国时期（220年—280年），东吴曾派大将卫温、诸葛直带兵到过台湾。那时台湾的名字叫夷洲。这是汉族人民第一次大规模到台湾。605年—607年，隋炀帝杨广曾两次派人到台湾岛上，慰谕当地的居民。从此以后，台湾和大陆的联系就更加密切了。

唐宪宗元和十五年（820年），有一位进士叫施肩吾，他虽然进士及第，但是他不愿做官，于是就带领他家族的人迁居在澎湖。他曾写过一首《题澎湖屿》的诗：腥臊海边多鬼市，岛夷居处无乡里。黑皮少年学采珠，手把生犀照咸水。到了宋理宗宝庆元年（1225年），福建海官监督赵汝适写《诸番志》，在《毗舍耶》条中写道："泉（州）

有海岛，曰澎湖，隶晋江县。"这说明在此以前台湾已正式纳入中国行政版图。到了元朝（1279年—1368年），元朝政府在澎湖设立了一个衙门叫作巡检司，管理澎湖和台湾事务。

明朝初年，郑和率船队西行时，曾到台湾停泊取过淡水。但是到了明朝后期，由于实行闭关锁国的政策，国势倾颓，官吏腐败，军备废弛，台湾和澎湖的防卫力量渐渐薄弱。已经无力顾及台湾。此时，很多海外的殖民者趁机侵略中国沿海地区。

其实，从公元16世纪开始，随着资本主义的发展，西方殖民者就开始相继东进，抢夺殖民地，进行掠夺性的贸易，亚洲地区的东南海域成了西方殖民者横行海上的"走廊"。最早入侵亚洲的是西班牙、葡萄牙，接踵而来的是荷兰和英国。明嘉靖三十六年（1557年），葡萄牙殖民者利用欺诈手段，攫取了中国的澳门，并狂妄地宣称台湾为澳门属地，企图进一步入侵台湾。

最早入侵台湾的是日本，因为明朝时期的日本倭寇在侵犯中国沿海大陆的时候，也经常窜入澎湖、台湾地区。并常常以此为据点，抢劫来往商船。万历三十年（1602年）初，抗倭名将沈有容曾率师追击倭寇至台湾，并把他们逐出台湾，这是中国军队首次从倭寇手中收复台湾。明朝军队在台湾大员湾登陆时，受到了当地人民的热烈欢迎。

但是，赶走日本倭寇之后，到了17世纪初，荷兰在摆脱西班牙人的统治后，也加入了西方殖民主义的扩张狂潮中。其实，荷兰人很早就开始觊觎中国，从万历二十九年（1601年）开始，荷兰殖民者便以贸易、通商为名，"驾大舰、携巨炮"，对我国沿海各地进行侵扰，企图夺占一个地方，作为控制对华贸易和劫掠中国财富的基地。荷兰殖民者在爪哇岛建立侵略据点以后，就曾经打算从葡萄牙手中夺取澳门，但结果被葡萄牙打败了。万历三十二年（1604 年）七月，为了在中国海岸建立据点，荷兰殖民者八月抵达澎湖向其进攻。当时，中国驻守澎湖的水军只是春、秋两季派兵戍守，季节一过，就撤回大陆。农历七月，正是春季戍兵撤回厦门的时间。于是，荷兰殖民者乘虚而入，轻而易举地占领了澎湖。

之后，荷兰殖民者曾派人给漳州地方官送来一封信，扬言如果中国方面坚持不同意通商，他们就把军舰开到福建沿海来，用武力实现两国通商的目的。结果遭到官方拒绝，明廷派遣平倭名将沈有容领兵，筹备驱逐荷兰侵略军。沈有容受命之后，在整备军旅的同时，还下令禁止沿海商人与荷兰人私自贸易。1604 年十二月二十五日，经过沈有容的交涉和武力震慑，荷兰殖民者在无奈之下，撤出了澎湖。但荷兰侵略者却盘踞在台湾本岛，长达 38 年之久。

随着郑成功在南京之战中受到了重创，清军趁势征剿，实行封锁政策。在这关系着生死存亡的危急时刻，郑成功开始有意进军台湾，并想着将台湾作为最后的抗清基地。

清顺治十六年（1660 年），清廷以宁南将军内大臣达素为元帅，率满、汉万余骑，并调南直隶、浙江、广东等省水师，打算将北征失败，兵员损失十之六七，粮械损失不计其数的郑成功一举打垮，荡平其根据地。当时，郑成功等就曾经商议"遣前提督黄廷、户官郑泰督率援剿前镇、仁武镇前往台湾，安顿将领官兵家眷"。

两个月后，原荷兰东印度公司的通事何斌鼓吹郑成功攻取台湾，说："台湾沃野千里，实霸王之区。若得此地，可以雄其国；使人耕种，可以足其食。上至鸡笼、淡水，硝、磺有焉。且横绝大海，肆通外国，置船兴贩，桅、舵、铜、铁，不忧乏用。移诸镇兵士眷口其间，

复国大计终难成 另谋大业进台湾

十年生聚、十年教养，而国可富、兵可强，进取退守，真足以和清朝抗衡。"于是献上一图，并向郑成功说明鹿耳门水路变易的情形。

"若天威一指，唾手可得。"何斌说。

"此殆天之使公授予也！自当重报。汝勿扬声，吾自有成算。"郑成功说。

何斌之所以会在这个时候出现、有这样的举动，是因为他为郑成功在台湾征收关税的事情于清顺治十六年（1659年）被荷兰人发现了，有人说他还擅自增加税额，荷兰人认为这"一定是商船忽然不来的直接原因，对东印度公司和台湾平民的危害甚大"。大员长官揆一于是命令税捐处调查，并将何斌拘捕，交由热兰遮城的法院审理，并将何斌免职，取消他的薪俸和头家的资格，并剥夺他数年来经营赤崁地方渡船所得和在当地砍柴、卖柴的特权，至于他担任通事所得的工资则从他被拘禁那天，即二月二十八日起停止，并处以罚锾三百里耳，其三分之一归公司，三分之二归原告，诉讼费用也由被告何斌负担。突然被剥夺职务的何斌因此被所有债权人攻击，从而破产。

几天后，何斌前来找郑成功，并献上台湾地图，得到这张地图，郑成功遂决定攻台。

何斌的献图以及当时的形势使得郑成功开始准备攻台。他了解到虽然现在台湾被荷兰人占领了，但城中的荷兰兵不到1000人，可以很容易地攻打下来。把台湾夺回来，作为郑军的基地，可以安顿将士家属，可以征兵练兵，南征北战时不再有后顾之忧了。

第六章

智勇双全终克敌
千秋伟业留青史

随着战事的发展和逼近，郑成功感觉到进军台湾已经迫在眉睫了。于是，他力排众议，并说服众将领决心攻台。随后，郑成功抓紧时间操练军队，做好一切部署和准备。很快，他们就按照当初的计划攻入台湾，随后慢慢地攻下了整个台湾。整个过程持续的时间很长，在进攻荷兰殖民者最后的阵地的时候，郑成功采取了进攻和持续围困的战略，并多次打退援军。最后，荷兰殖民者在无奈之下向郑成功投降。而经过这一次的战役，郑成功不仅为抗清大计争取了最后的机会，同时也成为中华民族的英雄，为后人所敬仰。

蓄势待发，郑成功决心攻台

随着战事的发展，顺治十七年 (1660 年)，清元帅达素会合闽浙总督李率泰，分率水师自漳州和同安进攻厦门，并令广东降将许隆、苏利等会师厦门岛上。郑成功立即做了部署，令右虎卫镇陈鹏守住高崎，抵挡同安之师，郑泰兵出浯州，阻断广东之师，他则亲自率军扼守海门，迎击从漳州浮舟而来的清军主力。当时，在南京围城不久后，800艘清朝的戎克船就出现在厦门海域，郑成功带着所剩残军 400 艘船前往迎击。五月十日，还不熟悉水战的清军被他引至受风处，沉了不少船，在接下来的几个星期里，厦门和金门的海滩上随处都是腐败了的尸体和破船的残骸，郑成功率领的义军抢了许多船只，胜利返回本部，并将 4000 名清军俘虏弄成残废，再送回陆上，借此表达自己誓死抗清的决心。

然而，尽管郑成功在这一次的海战中获胜，但是清廷的主力依然存在，并且随时有卷土重来的可能。而且这时清王朝已控制了中国的大部分国土，全国抗清斗争已转入低潮。为了彻底消灭郑成功的抗清力量，清廷开始对福建、浙江、广东等沿海五省实施禁海，迁界封锁政策，坚壁清野。规定濒海的居民一律内迁，任何船只不准下海，货物不准逾越疆界。企图孤立金门、厦门两岛，使郑成功军民无法获取粮食，对内陆的交通和信息也完全断绝。

在军事形势日见困蹙、孤军难守、危在旦夕的不利境况下，郑成功决定实现战略转移，"平克台湾，以为根本之地"。这样可以凭借海峡天险和海上力量的优势，建立新的稳定的抗清基地，不断积蓄力量，"然后东征西讨"，恢复明室之大业。

于是，郑成功召集兵官忠振伯洪旭、提督骁骑镇建威伯马信、前提督黄廷、五军总督戎政王秀奇、忠靖伯陈辉、协理中军戎政杨朝栋、忠定伯林习山、宣毅后镇吴豪、工官冯澄世、参军蔡鸣雷、薛联桂、陈永华等商议。

商议中，没人提出建议，但都认为"南北固守为对"。于是，郑成功说："去年我军虽胜达素一仗，但清朝未必肯就此罢休。这样，我军南北征驰，眷属未免劳顿。台湾田园万顷，沃野千里，每年可得饷税数十万。当地百姓尤长于造船制器，可惜近被红毛夷（荷兰人）所占。但城中的红毛夷不足千人，攻之可以唾手而得。我欲攻取台湾，作为根本之地，怎么样？"

吴豪说："台湾前乃旷野，故太师曾寄迹其间，今为红毛所踞。现筑城两座：一在赤嵌、一在鲲身，即台江内海的西南面七座沙汕，这里指的是一鲲身，即热兰遮城。临水设炮台，又打沉夹板数只，迂回曲折于港内。凡船欲入者，必由炮台前经过；若越此，则船必触犯沉夹板而破。坚固周密，将二十余载。取之，徒费其力。"郑泰等也认为攻台的时机尚未成熟，兵械和粮食也不充足，还有诸多障碍，所以劝他暂缓出征，不如等到割稻前一个月再发动。

郑成功说吴豪这话是常俗之见，"不足用于今日而佐吾之一臂也"。

前提督黄廷也附和吴豪的看法，说："台湾地方闻甚广阔，实未曾到，不知情形。如吴豪所陈红毛炮火，果有其名。况船只又无别路可达，若必由炮台前而进，此所谓以兵与敌也。"这是因为大部分的将兵都重乡土，或者应该这么说，亦军亦商的郑军，尤其是漳州和泉州出身的将领多兼营事业，颇有私积，所以，多不愿远离兴贩基础的漳、泉等地。可是，郑成功已下定决心。

提督骁骑镇建威伯马信建议先派人试探一下，再决定是否进攻，他说："延平王所虑者，诸岛难以久拒清朝，欲先固其根本，而后壮其枝叶，此乃终始万全之计。信，北人也，委实不知。但以人事而论，蜀有高山峻岭，尚可攀藤而上、卷毡而下；吴有铁缆横江，尚用火烧断。红毛虽桀黠，布置周密，启无别计可破？今乘将士闲暇，不如统一旅前往探望；倘可进取，则并力而攻；如果利害，再作相商，亦未为晚。此信之管见也。"郑成功认为这只是"因时制宜、见机而动"之论。

吴豪又坚持说："台湾实豪屡经之地，岂不知其详？既知其详而不阻谏，徒附会其说以误延平王大事，豪负罪多矣。"

当时反对最强烈的是张煌言。他认为怎么可以放弃闽、浙千万生灵，而只去攻占一个岛？若取台湾岛则金门无法守，失去了金门就失去了天下人心。张煌言像许多抗清志士一样，对郑成功进军台湾极不理解。他认为军队有进无退，退到台湾，等于是自绝于大陆，将自己孤悬海外，脱离整个抗清的大业。他希望郑成功能保住目前拥有的几块抗清地盘。他还说："思明 (厦门) 者，根柢也；台湾者，枝叶也；无思明，是无根柢矣，安能有枝叶乎？"因此他认为舍金、厦而取台湾是"舍本逐末"，对于恢复大明江山毫无意义。其他多数部将对东征台湾也持有异议：有的认为荷军船坚炮利，又筑堡置炮，封锁港口，郑军难以登陆；有的认为，台湾尚未开发，瘴气弥漫，水土不适；有的则说，举兵东渡，金、厦空虚，容易被清兵攻占，到时进退两难。在这次的商议中，表示支持东征的只有马信、陈永华及杨朝栋，不过其信心也不足。

郑成功看部将们的反应不甚热烈，加上得知巴达维亚当局已派兵增援台湾，东征计划就搁置了下来，但比以前更严厉地禁止船只自中国内陆到台湾。

清顺治十八年 (1661 年) 大年初七，郑成功收到情报，得知清顺治皇帝在这一天猝然长逝，8 岁的康熙皇帝继位。得知这一情报后，郑成功认为这是一个进攻台湾的大好机会，因为新皇登基，近期不会用兵。于是，郑成功坚定了攻台的决心。郑成功"传令大修船只，听令出征"，并再度召集诸侯、伯、提督、镇将、参军等文武官员秘密会议，准备攻打台湾。

对于这次的商议，郑成功更加坚决。在商议中，郑成功力排众议，他说："本藩 (郑成功自称延平王) 矢志，切念中兴，恐孤岛之难居，故冒波涛，欲辟不服之区，暂奇军旅，养晦待时，非为贪恋海外 (指台湾) 苟延安乐。"

郑成功先向众人分析了当前敌我情势，他说："天未厌乱，闰位犹在，使我南都之势，顿成瓦解之形。去年虽胜达虏一阵，伪朝未必遽肯悔战，则我之南北征驰，眷属未免劳顿。"接着又说："前年何廷斌（即何斌）所进台湾一图，田园万顷，沃野千里，饷税数十万，造船制器，吾民麟集，所优为者。近为红夷占据，城中夷伙，不上千人，攻之可垂手得者。我欲平克台湾，以为根本之地，安顿将领家眷，然后东征西讨，无内顾之忧，并可生聚教训也。"

郑成功收复台湾图

由于形势紧迫，郑成功认为，"附近无可措足，唯台湾一地离此不远，暂取之，并可以连金、厦而抚诸岛，然后，广通外国，训练士卒，进则可战而恢复中兴，退则可守而无内顾之忧。"

看到郑成功如此坚决，并且已经有了详细计划，诸将不敢再开口辩驳了。这时参军陈永华说："凡事必先尽之人，而后听之天。宣毅后镇所言，是身经其地，细陈利害，乃守经之建，亦爱主也，未可为不是；如建威伯之论，大兴舟师前去，审时度势，乘虚觑便，此乃行权将略也。试行之以尽人力，悉在延平王裁之。"就在这时，协理中军戎政杨朝栋也主张出兵，内心早有打算的郑成功见杨朝栋也赞成，马上下结论，他非常高兴地说："朝栋之言，可破千古疑惑。着礼官择日，命世子经监守各岛。台湾非吾亲征不可。"到此，郑成功谋划已久

智勇双全终克敌 千秋伟业留青史

的攻台计划正式确定了下来。

决定攻打台湾的郑成功下令召回所有船舰，紧锣密鼓地准备着。同年三月，"提师驻扎金门城，候理船只，进平台湾"。由于船只修葺未备，于是，郑成功决定将这次的部署分两步走。

首先，郑成功自率文武亲军克期先行，令镇守澎湖游击洪暄前导引港。然后派户官郑泰居守金门，又令参军蔡协吉协助防守、调度军饷，派兵官忠振伯洪旭、前提督黄廷、五军总督戎政王秀奇、忠定伯林习山、水师杜辉、援剿右镇林顺、右武卫协将萧泗、郑擎柱、邓会、薛联桂、参军陈永华、叶亨、刑官柯平等，并拔擢洪旭的儿子洪磊、工官冯澄世的儿子冯锡范、陈永华的侄子陈绳武，共同辅佐他的长子郑经，居守厦门调度各岛。除此之外，并行檄南澳的忠勇侯陈霸，严防广东的清碣石总兵苏利和清南洋总兵许龙蠢动；又拨宣毅左镇郭义、右冲镇蔡禄协助忠匡伯张进防守铜山 (今东山岛)，策应南来之师；命总监营翁天佑、中军官杨来嘉、忠靖伯陈辉等督船巡守南日、围头、湄州一带，以防北来之师。

这一年二月初一，郑成功亲自率领众将士祭江，并传令船只尽驾到料罗澳，催官兵候齐听令，下船开驾。兵部尚书唐显悦、兵部侍郎总督军务王忠孝、兵部尚书卢若腾、兵科给事中辜朝荐、督察院右副都御史沈佺期、督察院右副都御史徐孚远、光禄寺卿诸葛倬、监纪许国和进士郭贞一、林兰友、蔡国光等，以及宁靖王、鲁王世子、泸溪王、巴东王和留守的各提镇、参军、文武郊饯东征。

智勇双全，持久围困丧敌志

在进攻台湾之前，郑成功做了非常周密的部署。从郑成功开始有攻台的想法到最后敲定要攻台的这段时间里，他尽管没有发过一兵一卒到台湾，但是他很早就开始在厦门忙着制造战船和采买军械。而这些消息，很快就传到了荷兰殖民者那里，在台湾的荷兰殖民者积极修筑工事，准备抵抗郑军。

当时在台湾的荷兰殖民者最高长官，也就是总督，叫揆一。得知这个情报后，他多次写信给巴达维亚东印度公司的总评议会，要求拨付经费，重建已经倒塌的炮台，增修工事，派兵援助。总评议会没有得到郑成功东渡的确切消息，可是又经不住揆一的一再催促，于是就派在巴达维亚最有声望的樊德朗任远征军司令官，带着600名远征军，分乘12条战舰，到台湾考察虚实。

然而，这支援军刚到台湾海域，就因为水土不服，一下子就病倒了200多人，一时间军心浮动。司令官樊德朗看到这样的情形，感觉这种情况对自己很不利。于是就想离开台湾，返回自己的驻地。但是，此时的揆一将这支援军看作是救命的稻草，他说什么也不同意这支部队离开。于是，两人经常为这件事争吵不休，军队中更是混乱。后来，他们又都找评议会来解决这件事。评议会对他们的争吵不好下决断，就决定派使臣带着礼物和信件到厦门窥探虚实，再决定远征军的去留。没过多久，荷兰人的使者到了厦门。

这个时候，郑成功也随时关注着荷兰人的动向。事实上，郑成功早就看透了荷兰人的用意。于是，他将计就计，依山布阵，接连十多里尽是兵营。荷兰使者到郑成功驻地，只见漫山遍野战旗鲜艳，刀枪耀眼，数万士兵身披铠甲，正在操练。郑家军负责接待的官员还特地领着他们在戎旗兵的阵地停留了一会儿。戎旗兵是郑军精锐，7000 将士身披黄灿灿的"金龙甲"，弓上弦，刀出鞘，威猛无比。

荷兰使者看到这种架势，吓得倒吸冷气，可是到了中军帐，看到的却是一派和平宁静的景象。但见一位 30 多岁的男子端坐中央，身材不高，两眼清亮，显得果断而文雅。使者猜出这人就是威震海上的郑成功。在郑成功身边，有几位官员，个个垂手站立，十分恭敬。

看到这种情形，荷兰使者摘下帽子，躬身施礼，说："尊敬的殿下，我代表荷兰东印度公司向您致以最诚挚的敬意！"接着，他按照事前经过精心准备的方式，进行交涉。他先直接就郑成功与清廷的战争和厦门的战备情况提出质问，说："我们的总督大人提醒殿下注意，近来听说殿下要整顿师旅东征台湾，谣言充耳，使台湾居民惶惶不安。数月以来，贵处的贸易船舶顿减，东印度公司也感到十分忧虑。外面流传的谣言是否可信，还请殿下明白告知。"

听完使者的话，郑成功微微一笑，态度温和地把使者的话截住，说："我每逢打仗之前，常在做完最后的准备之后，使用声东击西的

郑
成
功

计谋，故意放出一些风声搅乱人们的注意力。我从不公开发表自己的真实意图，别人也无法猜测我到底想什么。不料你们轻信流言蜚语，说我断绝航路，这就是你们不仗义了。"

使者本想套出郑成功的用意，没想到却被郑陈功的这一反问弄得局促不安。荷兰使者感觉到再说下去也没有什么好处，并且刚开始来的时候看到的阵势已经让他输了三分胆。于是，荷兰使者灰溜溜地回到了驻地。他回到台湾驻地后，对眼巴巴地等待消息的评议会议员们说："郑成功不但是勇敢的战士，也是一位高明的政治家。他炫耀武力，可是却看不出他要来台湾的迹象。这是他的回信，请各位先生过目。"

郑成功的回信果然十分高明。他在信中说："多年以前，当荷兰人来台湾附近居住时，我父亲一直统治台湾，并大力发展此地与大陆的贸易，一切井井有条，十分顺利。后来，我接替了父亲的事业，在我的管理与促进下，此项贸易并未减少，双方商船往来频繁，便是明证。阁下当然也会明白这是我善意的表示。"然而，关于荷兰人最担心的收复台湾一事，郑成功只笼统地说："虽然台湾与大陆大海相隔，但是，有我国人民在那里捕鱼耕田，经营商业，我怎么会对它不闻不问呢？"对大陆商船到台湾越来越少一事，他指出是因为荷兰人苛捐杂税太重。"倘若台湾当事者善于体恤商人的苦衷，减少苛捐杂税，不久之后，台湾和大陆是可以恢复贸易往来的。"最后，郑成功以"谣言固然不可以尽信，但是人言可畏啊"巧妙地结束了复信，给荷兰人留下了一个悬念。

荷兰使者带回的报告自相矛盾，郑成功的回信又模棱两可，揆一和评议会一时下不了决断，只是静待其变。但是，尽管评议会和揆一

智勇双全终克敌　千秋伟业留青史

都有耐心，而巴达维亚来的远征军司令樊德朗却是个狂傲自大的军人。他看到回信后，马上得出了郑成功不会出兵的结论，说什么也不肯再在这个小岛上待下去了。他一再和揆一争吵，还常常给巴达维亚的总评议会写信，告揆一的状。终于，有一天，他忍无可忍地和揆一吵翻了，随后就心怀愤恨地带着一部分士兵离开了台湾岛。

由于局势的迅速变化，揆一已经确信郑成功会发兵收复台湾了。他尽可能地采取了一些防范措施。他命令台湾的百姓迁出森林，携带全部行李到热兰遮堡周围居住。把拿不走的粮食烧掉，把城外空房屋的门窗拆下来。荷兰人还在城堡内备足够烧 10 个月的木柴，用石条和木柱重修了城堡的墙角和外围的垒墙。

此时，凡是中国人都受到荷兰人的怀疑和不公正对待。长老和有钱有势的中国人都被他们拘留起来，作为人质关进城堡，常常被他们拷打审问。中国船只只要出现在台湾附近海面，就会遭到他们的拦截和炮击。他们这样做，一方面是封锁消息，同时也避免这些船只为郑成功运送士兵。他们还认为大陆来的船只的船长都是郑成功的探子，把船长们抓起来，拷打审讯，搜寻"通敌"罪证。

此时的郑成功也没有闲着，而是积极地部署军队。郑成功已经有了确切的情报，并且对岛上的地理位置也是了如指掌，一切攻台的前期准备工作马上就能够完成。一场战争正在酝酿着，随时都可能爆发。

很快，在顺治十八年（1661 年）四月三十日早晨，台湾岛上开始了一场恶战。荷兰殖民者兵分三路，水路是四条战舰全部出动，陆路是贝德尔上尉和阿尔多普上尉率领的两支队伍。在这里，他们首先要较量的就是水军。在广阔的江面上，荷兰人的主力舰"赫克托"号和"斯格拉弗兰"号是大型战舰。这种船甲板上有 5 个桅杆，帆樯可以八

郑成功

面受风，每船装有 20~30 门大炮。它的特点是行驶速度快，火力猛烈。而郑成功的战舰只有它的 1/3 大，每艘船上也只有 2 门炮。

　　战斗打响之后，荷兰人仗着船坚炮利，有恃无恐，气焰很嚣张。开着炮向郑军水师猛冲过来。虽然荷兰军的舰艇来势汹汹，但是郑成功凭借着多年的海上作战经验，从容应对着，并且不失时机地予以反击。第一次战斗中，郑成功的水师出动了 60 条木船。这些船虽然小，但比较灵活，炮手们又目标明确，他们一心要破坏敌舰的航行能力，所有的炮弹都集中射向敌人的船帆。水手们还用一种头上点着火的箭，不停地射向敌舰。同时郑成功还派出了许多小火船，小火船船小灵活，装满了火药和引火物，士兵划着小火船靠近敌舰，用铁链将小火船拴在敌船上，点燃小火船上的火药，然后再跳水

郑成功银币

游回。虽然刚开始的时候，荷兰军舰的攻势非常猛烈，郑成功的水师遭受了很大的打击，但是很快局势就有所好转了。在战斗中，荷兰主力舰 "赫克托" 号的火药库被击中了。随着 "轰隆" 一声巨响，烈火和黑烟冲天而起，"赫克托" 号瞬间就被炸成了碎片，消失在海面上。舰上的 100 多名水手也同时葬身海底。郑军水手见敌舰起火爆炸，劲头更足了，他们一边欢呼，一边猛攻 "斯格拉弗兰" 号和 "白鹭" 号。

智勇双全终克敌　千秋伟业留青史

荷兰殖民者做梦也没有想到他们的战舰会被炸碎，顿时慌了手脚，调转船头，准备退却。"斯格拉弗兰"号上的水手在慌乱中突然发现他们船上的斜桅已经被中国人的小火船钩住，火势正蔓延过来。荷兰人不敢恋战，赶紧灭火收兵，逃回热兰遮堡，再也不敢轻易出战。不到半个小时，海上的这场战斗就结束了，陆上的战斗对荷兰人来说，结局就更悲惨了。

荷兰军的陆军主力是贝德尔上尉率领的240人。贝德尔上尉是台湾评议会的评议员，他受过西方正规军事训练，为人勇敢，但傲慢狂妄，根本不把郑成功放在眼里。当贝德尔上尉接到命令后，他也连夜做了充分的准备，挑选了最优秀的射手，预备了充足的枪支和子弹，还带了霰弹炮和小铳炮。第二天一大早，他们就乘船到达北线尾。贝德尔上岸之后，先对士兵训话。他说："中国人是受不了火药的气味和打枪的声音的，只要放一阵枪，打中几个人，他们就会吓得四散逃命，全军瓦解！"荷兰士兵也没把他们的对手放在眼中，听了长官的训话，大笑起来。在做了一个简短的祷告后，士兵们12个人排成一排，击鼓吹号，奏起军乐，列队前进。听到鼓号声，郑成功知道敌人已经发起了进攻。他对身边将领说："红毛鬼没有别的伎俩，不过依仗炮火猛烈，咱们用藤牌兵迎战。"

以往的惨痛的失败经历让郑成功变得非常谨慎。现在对于他来说，只能成功不能失败，在这次的交战中，他首先派了4000人迎战。正面迎敌的是"藤牌兵"和弓箭手。此外，还有700人奉命从侧翼的小山绕到敌人背后，对敌人形成夹击的态势。

虽然荷兰军的火力很猛，但是他们这是孤军作战，时间一长就会对他们不利。刚开始的时候，他们心气很高，也很沉得住气，他们看到海上爆炸起火，还以为是中国人遭到惨败。但是很快，他们就发现有些不对劲了。此时郑成功的军队攻势也愈发显得猛烈。郑家军不愧是身经百战的精兵。藤牌兵舞动手中的藤牌遮挡子弹，尽可能地把身体隐蔽在藤牌背后，举刀高喊，冲向敌人。弓箭手万箭齐发，猛射敌人。这时，负责侧翼包抄的队伍也及时赶到，冲了上来。当荷兰军发现弓箭齐射过来的时候，他们想立即撤退已经晚了。许多人把枪一扔，抱着脑袋没命地奔逃起来。看见自己的部下被吓坏了，贝德尔上尉急忙下令集中，准备有秩序地撤退。可是，大多数士兵已经听不进命令了，他们一个劲儿地狂奔，跑到海边就往下跳，一窝蜂似地扒住船舷往上爬，船被他们扒翻，许多人也因此沉入海底，再也没有上来。有些胆子较大的士兵被贝尔德集中起来，跟着他边战边退，退到海边。双方兵力悬殊，贝尔德上尉以及大部分荷兰兵都战死了，只有十几个人在水中游了很久，才逃回热兰遮堡，报信求援去了。

虽然荷兰军的这支军队受到了重创，但是还有其他军队。当时，荷兰军的另一支部队是上尉阿尔多普率领的。他奉命带领200人援助一再告急的普罗文查堡，并且尽可能地保卫两座城堡之间的航道畅通。尽管这支军队还不至于全军覆没，但也遇到许多困难。当他们想登陆支援的时候，他们很快就发现登陆实在困难，无奈之下，阿尔多普上尉只得放弃原计划，返回热兰遮堡去了。

郑成功和荷兰军的第一次较量以荷兰军的大败而结束。这次的较量也让荷兰人异常惶恐。尽管荷兰人拥有先进的武器和军事技术，但仍遵循中世纪呆板的军事教条，打仗排列方阵迎敌，缺少灵活变化。在和郑成功的军队交手之前，他们碰到的是分散的，与外部世界几乎没有任何接触的中国百姓。红发碧眼，手持火器的荷兰人使中国百姓望而生畏，惊恐逃遁。荷兰人因而把中国人视为懦弱可欺的民族，他们也因此低估了郑成功的军队。郑家军在第一天就狠狠地教训了荷兰人。那天晚上，城堡里的荷兰人是在极度的不安中度过的。他们每个人都在议论白天发生的意想不到的事。

很快，荷兰军战败的消息就传到了当时的总督揆一的耳朵里。而且揆一还听说镇守赤崁城的将领豪维特亚已经投降了郑成功。面对这样的噩耗，一向狂妄自大的揆一，感到非常的震惊，一时竟说不出话来。过了半天，他才缓缓地回过神来，觉得此举虽然未免过于仓促草率，但想想也只有如此方为明智之举。过了一会，揆一还是坐不住了。他从太师椅上骤然跳了起来，极不服气地一边踱着步，一边怨天尤人。此时的揆一精神几乎完全崩溃了，常常暴跳如雷。与此同时，郑成功歇息在赤崁城原豪维特亚的官邸里，起居饮食一如既往。有客来访，他坦诚以待；无人打扰，他手捧兵书，孜孜苦读。

此时的揆一像热锅上的蚂蚁，自从他在台湾称王后，他还从来没有遇到过像郑成功这样的对手。但是他的心里非常不甘，以前他是仗着自己的王牌军队，但是现在他发现，自己的王牌军队在郑成功的面前显得威力大减了。揆一之所以不甘心，并且还要和郑成功做一番较量，也是有他的原因的。当时，热兰遮城的防御工事做得异常坚固。这座海上堡垒自 1624 年荷兰人占据台湾时就开始构建，至 1634 年才竣工，整整花了十年时间。城堡坚固厚实，全是由清一色大石块垒成，高三丈许，四周每隔百步置有炮台一门。整个城堡犹如一座石头城，四面八方均可发射大炮。揆一仗恃武器先进，工事坚固，辎重充足，并有强大的炮兵、铁甲兵、海军陆战队等诸多兵种，又有巴达维亚的援军做后盾。因此他以王者自居，雄心勃勃，要与郑成功决一雌雄。

郑成功深知敌我力量悬殊，论武器自己的确无法与敌方相比。但他更得民心，更了解敌方的心态。揆一上背天道，下违民心，仅凭武器精良就以为稳操胜券，实在是愚蠢至极。纵观历史，以弱胜强的范例举不胜举。就是郑成功自己也经历很多这样的战役。这更加坚定了他必胜的信念。郑成功很有把握战胜强敌，他不但有超人的智慧，更具备了克敌制胜的三要素：天时、地利、人和。这三要素是无价之宝，是至高无上的决胜条件。郑成功这么分析了利弊之后，召集众将商议破敌之计。在达成共识之后，将领们一致认为首先要对揆一的驻军实施围困，不让他们与外界联系，断了他们的后路。随后，郑成功便分派了各个将领的任务。郑成功这边积极备战，与此同时，揆一的军队也没有闲着，他们也在做最后的部署和抵抗。

敌人的顽固抵抗，激起台湾百姓的无比愤慨和仇恨。他们冒着敌人的炮火，置生死于不顾，都前来帮助郑军日夜修筑工事。军民同仇敌忾的气氛笼罩着热兰遮城。没过多久，军民共建了一道十分坚固的防线。这道防线实实在在成了义军战胜顽敌的有力保障。面对这样的阵势，揆一龟缩在他的官邸里，被顽强的郑军四面八方包围着。他等待着死亡时刻的到来。

郑成功统率主力部队围困热兰遮城，在相当长的一段时间里没有发动攻击。郑成功熟读兵书，深知攻城乃是下策，不战而屈人之兵才是上策，而且攻城的话，郑军就会付出惨重的代价，同时他也希望给城里的荷兰人留下一条生路。他决定采取长期围困的策略，意图是等待固守城堡的荷军弹尽粮绝，走投无路，最终达到不战自降的目的。但是，当时郑军的粮食供应也相当困难，士卒甚至靠采集李子等果实充饥。郑成功在台湾百姓的支持下，派出部卒实行屯田和征税，在经

智勇双全终克敌　千秋伟业留青史

营台湾的道路上迈出了重要的一步。

尽管据守热兰遮城的荷军在总督揆一领导下也很顽强，但他们完全被困死，唯一的希望是守住城堡，等待从巴达维亚得到有力的援助。后来虽然荷兰派去了几百人的军队前去支援，但是很快就被郑成功的军队击退了，无奈之下，揆一的援军又一次撤了回去。这次支援的失败，让揆一感到很绝望，但是他还是坚持做最后的困兽之斗。

1661 年九月十四日，驻台湾荷军当局决定：用增援的舰船和士兵，把郑军逐出热兰遮城市区，并击毁停泊在赤崁城附近航道上的郑军船只，以摆脱被围困境。十六日荷军倾巢出动，分水、陆两路向郑军发起进攻。海上，荷舰企图迂回到郑军侧后，焚烧船只，反被郑军包围。郑水军隐蔽岸边，当敌舰闯入埋伏圈后，立即万炮齐发。在一小时的激战中，郑军英勇杀敌，用火船烧毁了荷军主力舰克登霍夫号，用密集炮火击沉了战舰科克伦号。另外还俘获小艇 3 艘，使荷兰援军损失了 1 个艇长，1 个尉官，1 个护旗军曹和 128 名士兵，另有一些负伤。荷军其余舰船逃往巴达维亚，再也不敢靠近台湾。因海上战争的失败，荷军在陆上未敢发起进攻即草草收兵。被围荷军粮饷匮缺、士气低落，不少士兵吃了发霉的食物而中毒，战死饿死者众多。郑军则进行休整，不断加筑工事，架设巨炮，准备继续攻城，民众还协助郑军断绝了荷军的水源。此后，荷军再也没有勇气和力量发动任何有力的反扑，只能龟缩在城堡内部。由于荷兰人无力组织反攻，面对困境，内部也开始分裂。十二月间，考乌借与福建清军联合攻取厦门为名，率领舰队离去，增援行动全部失败。荷兰援军的溜走，使困在热兰遮堡中的荷军空欢喜了一场。

随着时间的推移，城堡内的荷军精疲力竭，患病的人数增加，绝望的情绪蔓延开来。十二月十六日，一批荷兰守兵在军曹拉迪斯带领下出城向郑军投降。他们不仅讲述了城内的详细情况，还提出了两条建议：一条是充分利用围城内普遍存在的惊慌情绪和疲弱状态，不仅要用封锁，而且要用连续攻击，来彻底疲惫敌人，使其完全绝望。这样做既不费事，又不需要很长时间，因为城堡建筑很脆弱，经不起大炮猛轰两天；另一条建议是先攻占热兰遮堡旁边小山头上的乌特勒支圆堡，取得制高点。郑成功欣然接受了这些建议，着手准备最后的攻坚战。

郑成功派人到赤崁城劝说揆一投降，揆一提出送钱饷等物以求郑军离开台湾的办法，对此郑成功断然拒绝。郑军将赤崁城死死围住，虽然双方偶尔会有一些冲突，但面对勇猛的郑军，荷兰人最后只有乖乖地缩回到堡里。

郑成功收复台湾的行动，大大鼓舞了久受欺压的台湾同胞。在台湾当地居民的帮助下，郑成功很快找到了荷兰军在各乡储存的粮食，作为发给各将士长期作战的军粮。他们得到了粟米 6000 石，粮 3000 余石，大大缓解了缺粮之急，为郑军的长期围困战略提供了重要的援助。攻城中遇到了荷兰军的抵抗，郑军开始下令在城周围挖壕、筑墙，加强包围工事，并在城外每条街上都设起防栅，并挖了一条很宽的壕沟，在沟里设置了攻城工具和几门轻炮。郑军此时不急于进攻，而是在加固了城外的包围攻势之后，正好利用这段时间使军队得以休息和调整。

这时，郑军从大陆开来的第二部分官兵也陆续到了。这部分官兵的到来，更增加了郑军必胜的信心，同时也使尚未投降的荷兰殖民者更加心慌。郑成功不断地给赤崁城的荷兰人送去招降书，而荷兰人却

智勇双全终克敌 千秋伟业留青史

仍拒不投降。很明显这是一场信心与毅力的较量。面对郑成功的长期围困和不断的攻击，在城里的荷兰兵士完全失去了抵抗的意志。这就为郑成功与揆一的最后决战奠定了基调。

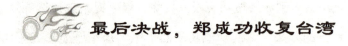

最后决战，郑成功收复台湾

郑军一部分继续围城，另一部分开荒屯垦，但情况并不乐观。军队的供给问题日益恶化，军粮已经难以为继，官兵每天只能吃两餐。由于长期营养不良，疾病流行，很多士兵因此而死。将士人心不稳，甚至一些大小船一有机会就设法逃走。近半年的围城，整个军队已经疲惫不堪，厌战情绪在蔓延。

这个时候，严格的军纪和主帅的信心毅力是至关重要的，郑成功以他坚定的信心和严格的军纪率领士兵继续围城，决心取得最后的胜利。城内的荷兰守军情况更糟，由于疾病流行，人口已大大减少，剩下的战斗力也大大减弱。他们仅有的希望是公司总部派兵救援或清政权到台湾来进剿郑军。后来，荷军打算与清军夹击郑成功的计划破灭了。

1661 年 12 月 6 日晚，双方展开激战，赤嵌城内火光冲天，如同着了火一样。在城内，荷兰人评议会正在召开秘密会议，所有商务官员和军曹都参加了会议。面对目前的形势，他们提出了三条出路：一是向郑军发起一次拼死总攻，二是坐待郑军进攻，三

郑成功真迹

是在最有利的条件下把城堡献给郑军。只有很少几个人建议发动总攻。长官揆一赞成待郑军再进攻一两次后再相机行事，并自告奋勇亲自协助防御以鼓舞军心。然而，当时主张等郑成功再进攻一两次然后相机行事的人，就是当时的总督揆一本人，他估计郑军在进攻当中已经用掉了 2500 发炮弹，已经没有太多弹药维持下去了。然而，评议会多数人认为，把命运寄托在郑成功物质耗竭的假想上是很不安全的想法，而且荷兰人自己的伤员已经塞满了医院，士气逐渐低落甚至丧失，继续支撑下去，只会迎接更可怕的命运。

1662 年 1 月 25 日，连连获胜的郑成功，为向荷兰总督揆一施加压力，组织了全面的攻坚战。郑军从台湾城北边、东边和南边的新阵地

同时发炮，快速而且持续地猛烈炮击乌特勒支圆堡和热兰遮城。这一天，郑军几十门大炮在两个小时内，发射炮弹大约2500发，在当时简直是一个奇迹，不能不佩服郑成功拥有一支强大的"炮兵"部队。

在空前强大的炮火之下，台湾城顿时一片火海、弹片横飞，小小的乌特勒支圆堡，更是一片废墟。里面幸存的七八个荷兰士兵还死不投降，引爆地窖里仅存的4桶炸药自杀、白白放弃了投降求生的机会。当天郑军占领该圆堡以后，立即利用此堡废墟改建炮台，居高临下，向热兰遮城加强轰炸，这样热兰遮完全处在郑军的火力威胁之下。战争形势对荷兰殖民军更加不利，揆一面临的压力越来越大，距离做出最后决定的时间越来越短了。

荷兰军困守孤城，岌岌可危，揆一在城上督战，看到城防已被突破，惊慌失措。在这种情况下，郑成功派通事李仲进城堡面见揆一，再次申述："此处不是你们荷兰国的土地，是我们太师（郑芝龙）练兵的场所，现在延平王来收复其故土。台湾远离荷兰，难道你们能在没有接济的情况下长久地抗拒下去吗？延平王是为和平而来，不忍伤害你们，如若投降，除了东印度公司库存之外，私人财产一律可以带走。如若执迷不悟，我们将用油、柴、硫黄烧毁你们的城堡和船只，那时再后悔就来不及了。"

殖民军当中也有觉悟过来的人。在金、厦海岸被陈永华俘获的一位荷兰船长拉迪斯，愿意出面对揆一进行劝降。拉迪斯写给揆一的劝降书，告知了考乌已经逃走的消息，并称赞郑成功军队是仁义之师，指出只要投降就能确保生命财产安全。随劝降信送给揆一的还有第二封信，这封信是一张只有签名、没有内容的白纸。揆一见到此信，顿时明白空白信的含义。它预示着荷兰人如果拒绝投降，则将是一场无法估量的灾难。揆一觉得做出最后决定的时间到了，此时的中国人已不允许他这个外国总督继续拖下去。

当时"一·二五"炮击战差不多已经将荷兰殖民者顽抗到底的意志彻底粉碎了。当天的炮击大概在下午6点之前就结束了。热兰遮城立刻开始派士兵和奴隶赶修被破坏的地方，并设法增强防卫比较薄弱的地方。他们一直工作到深夜2点，那时已经有人表现既疲倦又不情愿了。次日，这种疲倦不情愿的情绪在荷军中更加扩大，以致预定的修葺工作无法完成。

1月27日揆一让步了。会议"一致决议，要写一封信告诉国姓爷，我们已经有意，在合理的条件下和他们商讨关于交让城堡之事"。理由有八：

一、那个保护这脆弱的四角附城的砖造城墙已经倒塌了，现在敌人要攻破这四角附城，不必再用那么多火药了，也许他们的火药比长官估计的还要多。

二、由于敌人猛烈又持续地射击，我们有很多人被石头和木头碎粒碎片打死，有很多的人受伤。伤者已经把医院挤满，而其余的人已经丧失勇气且心灰意懒。

三、储存我们生活必需的粮食的仓库，已经被破坏了，粮食放在那里一定会腐烂的。

四、那些木栅只能抵挡敌人数小时，木栅一旦丧失，通往我们船的航路就要被切断了。

五、我们因人员的死亡、受伤和生病，以及缺乏新鲜食物，加上最近下雨带来的麻烦，我们的力量已经削弱太多。

六、关于从巴达维亚来解围的援军，以及传说要攻打葡萄牙人的

第六章

智勇双全终克敌　千秋伟业留青史

战争，从某些来信看起来，很可能不会如愿以偿；就算他们来到，看到入港通路被切断，也将很难来此上岸。

七、上层城堡的炮台连墙，特别是菲力辛根棱堡和甘伯菲雅棱堡的，已被炮弹打坏很多。

八、敌人在那碉堡的高地，用蓬鲦和木栅加强阵地，不要多久，他们就会从那里炮轰城堡。从那高地可以看到并射到我们士兵的脚底，并可以把整个四角附城控制到没有一个人能安全。因此我们认为，最好在合理的条件下，把这城堡交给郑成功。

一向高傲的揆一总督也被迫向郑成功发出了求和信。信的内容如下：

台湾岛的长官揆一和议会寄这封信给驻在热兰遮城前面的大官国姓爷：

殿下如果诚意要和我们洽谈关于此城堡的条约，即用荷文写一封回信，放在石头路的中段；同时要从现在开始，无论在水上或陆上，都要停止武器使用和敌对的攻势；而且我们双方都要留在自己的阵地里，不得接近对方，否则即将以敌人对待。

1662 年 1 月 27 日，揆一

国姓爷郑成功接到来信以后，马上做出善意的回应。

1 月 27 日的荷兰人日记说："拿信以后两小时，有一只舢板船经过我们的城堡前往北线尾，可能是去下令暂停敌对行为。而且，从那以后不久，凤梨园那边也把他们的旗子降下来了。"郑成功接到荷兰人发来的短笺之后，除了立刻用行动来表示善意之外，同时用高超的外交技巧来应对荷兰人的求和。

1 月 28 日荷兰人日记说："我们看见敌人昨夜把他们的篮堡移近我们的四角附城下面，而且篮堡中架了几门大炮。约 8 点钟，我们接到下列的信件，一封是回复我们昨天写的那封信，这封信放在我们昨天放信的同一地方，我们派人去拿进来；另有一封信是写给城堡里的军官们的。"

在这里郑成功用两封信回复了对方的一封信，同时也表明郑成功做好了攻击城堡和进行和谈的两手准备。

第一封信是这样写的：

大明招讨大将军国姓爷寄这封信给荷兰长官揆一及其议会：

我接到你们的信了。那封信写得那么短，以致我无法了解你们的意思。因此，我也不能说什么。如果你们有什么话要说，可派一个有资格的人来当面告诉我。你们如果不愿派人来，我也不要求你们。为此，我将把所有战争武器的使用，暂停到中午，在那时以前要给我回答。这封信是用荷文写的，为的是使你们能够充分了解。

永历十五年十二月九日

另外郑成功写给热兰遮城军官们的信件翻译如下：

本藩又开始强力准备，要来攻占你们的城堡了。造成这场战斗的原因是什么？不是别的，就是两撮人，即你们的首领们和那些自由民。你们看到了吗？揆一和他的议会拒绝献城投降，使人们受到极大的伤害。不过，你们这些小官和普通兵士们是不必对此负责的。

本藩率领军队来此，并且在火药上和炮弹上耗费巨资，这些，我必须要东印度公司用它的财物来赔偿；而揆一及其他头头们和那些自由民，必须将他们的财物给我们的兵士们当作战利品，这样由上天来处罚他们的恶行。

不过，队长、中尉、中士、下士以及兵士们，都完全没有责任。因此，他们的财物都可以丝毫不损地、自由地全部带往巴达维亚，就

智勇双全终克敌　千秋伟业留青史

像地方官描难实叮那样，我准许他不但可带走他全部的财物，还供应他航行途中所需要的粮食等物；住在赤嵌的我也按月给他粮食和生活费。你们当中，如果有人在航行中可能会缺乏什么的，可以告诉我，我将帮你们，供应你们的需要。

揆一和你们的头领们，直到现在还把金钱和财物看得比你们的身体和生命重要。他们这样做是对的吗？他们到底是好人或是坏人？你们心里不要害怕，因为这封信是写给你们这些队长、中尉、中士、下士和一般兵士们的，对此你们尽可相信。又因你们念不懂中文，所以这封信不是用中文写的，是我让人用荷文写的。为的是你们会念而且明白。

郑成功给揆一与议会的信同样简短，冷漠中又暗示可以谈判，不过要看他们能抛出一个什么和谈条件。而在另外一封给军官们写的信中却又透露出自己的和谈条件，就是要在财物上做出补偿，没提城堡问题，想必他们心中有数。另外表示无意伤害他们的性命，这就等于给他们提供了一个谈判的思路。

1月28日的荷兰人日记说，接到这两封郑成功的信件后，荷方召开大会，在多数人的同意下，以及他们自己的志愿下，决议派遣一名商务专员和一名中尉送信给郑成功。信件里面他们提出愿意将城堡及其大炮、附属物，不再予以损坏或短缺地交给郑军，同时要郑军确保公司的以及他们自己的动产能够带走，还得携带全副的武装，并供给他们路途所需要的食物和其他需用品。这是荷方第一次搬到台面的正式的谈和条件。这两人受到郑方的友善款待，但郑成功并没有亲自接见他们。

特别值得一提的是，菲力普·梅在《梅氏日记》一书中写道：

郑

成

功

"（1662年1月28日）早晨……国姓爷用严厉的面孔责备我，我一定在那封信里教唆挨一设法拖延时间。"很显然，郑成功其实也急于和谈。

由于荷兰当局在提出条件时附带要求郑军不得再接近，否则"就要用大炮来对付了"，郑成功也毫不示弱，在提出条件时也令荷兰不得再在船只至陆地之间来回航行，否则就要派船舰逮捕。不过，荷兰当局既已开出条件，郑成功也回复了这样一封恩威并施的信，并开出他的条件。

大明招讨大将军国姓爷寄这信给荷兰长官揆一及其议会：

当初我率领强大的军队来到这个地方的时候，只是要从你们手中得到那座城堡，并不要你们的财物。对此，你们早就应该听从。后来，我又给你们写了几封信，但你们都不愿意听。

现在你们被围9个月了，一切错误都是你们自己找来的，还有什么话说？因此，我要你们把城堡里的全部财物都交出来给我。不过，城堡里所有的人我都会让他们活命，以前同意我的那些人，以及还在台湾活着的人，也一样会让他们活命。地方官描难实叮和那些目前在中国候船要往巴达维亚的人，以及还没出现的在卑南的人，都可自由地去搭你们的船，离此前往巴达维亚。但从你们那边逃来投靠我的那12个人，我不会交还给你们。关于携带武器，像携带步枪一事，我同意。关于粮食和生活费，我也同意，因为那些只是小事情。而且，你们一定不要害怕，因为我对你们心怀善意，真心希望你们都能活下去。

现在再停战一天，即明天，你们的小船也不得再从大船到陆地之间来回航行，我们的戎克船也将停止不动；如果你们的小船不停止航行，我将命令我的戎克船去逮捕它们。我很不喜欢这些小船这样来回

智勇双全终克敌 千秋伟业留青史

航行，这事我现在已经告诉你们，你们要知道了。在你们今天寄出的来信中，有几个字用得不恰当，因此你们派来的人，我不予接见。如果你们写得恰当，我就接见他们了。如果你们了解这封信的内容，要再来跟我商量，那还来得及。

永历十五年十二月九日

这时，谈判才正式开始，然而谈判进展却十分迅速，因为从 1 月 30 日晚上开始，第二天进一步协商，很快就在第三天即 2 月 1 日双方便正式签订条约。在这 40 多个小时的时间里，就能完成谈判过程和签约换文的手续，这种速度即便不能绝后，恐怕也史无前例了。

1662 年 2 月 1 日，荷兰当局跟郑成功双方代表于大员街的税务所 (在今台南市安平区安北路一二一巷十五弄、中兴街十八巷交叉路口一带)，各按本国习俗举行誓约、签字、盖章的仪式。

在整个签约过程中，郑成功能把原则的坚定性和策略的灵活性恰当地结合起来，这是难能可贵的。他始终坚持台湾是中国领土，荷兰人必须从台湾撤走，并拒绝了荷方提出的交付大量赎金以及其他企图赖在台湾的要求，毫不妥协。他又要求东印度公司赔偿全部战费，交出武器，没收所有现款和货物。另一方面，对荷方人员的利益做出了具体照顾，避免了他们顽抗到底。如允许高级官员从公款中带走一定数额的现金，东印度公司一般职工和普通士兵，准许他们携带个人所有的全部财物出境。这些措施和对策的提出，分化了敌人，促使荷方下级对上级施加压力，迫使掌权者很快同意订约投降，这为收复台湾降低了代价，争取了最大的利益。

在和谈的过程中，郑成功不仅表现出耐心与智慧，而且还具有宽恕对方的博大胸怀。尽管他的力量强大到最终可以把台湾城碾平，把荷兰人杀尽，但他毕竟不是一个暴虐的军阀，当胜利在望时，他仍不改招降的初衷，其留人余地的仁者风度尽显无遗，充分展露了尊重与宽容的泱泱大气。

光绪年间，美国驻台总领事詹姆斯·戴维逊在其著作《台湾之过去与现在》中，对郑成功给予很高评价的同时，也认为"他不残忍，至少与同时代在战争中功勋卓著的欧洲人比较"是这样。

当时也在台湾的沈光文对郑成功率领的中国军队取得最后的胜利兴奋不已，赋诗云：

> 郑王忠勇义旗兴，
>
> 水陆雄师震海瀛。
>
> 炮垒巍峨横夕照，
>
> 东溟夷丑寂无声。

收复了台湾，郑成功不禁感慨万千。这次不仅收复了国家的领土，而且使郑军获得了一块稳固的根据地。郑军在处境极为艰难的条件下，历经了许多的困难，牺牲了许多将士，终于有了一份回报。想想前景依然艰难的反清复明道路，郑成功却又有说不出的痛。但是，尽管面临清朝政权日盛、抗清运动日益走向低潮的现状，他并没有气馁，而是矢志不渝地进行反清复国行动。随后他写了一首诗："开辟荆榛逐荷夷，十年始克复先基。田横尚有三千客，茹苦间关不忍离！"

郑成功以田横自比，表明了他矢志忠于明朝、要把反清复明的斗争进行到底的决心。荷兰侵略者被郑成功逐出台湾以后，揆一带领着剩余的几百人回到巴达维亚，被东印度公司判处终身监禁，流放班达岛12年后被释出狱。1674年揆一回到荷兰，第二年在荷兰首都阿姆斯特丹出版了《被忽略的台湾》一书，为自己辩白，同时也透露出一些史实。荷兰殖民者的失败是必然的，民族英雄郑成功得到中国人的推崇是受之无愧的，他收复台湾的功业将流芳百世。

第七章

屯垦宝岛功千秋
赢得生前身后名

郑成功虽然赶走了荷兰殖民者，收复了台湾，但是他面对的是一个破败和落后的台湾。当时为了抗清大计，为了求得生存，郑成功在和众将商议后决定，效仿古代的寓兵于农的战略思想，在台湾积极开展开垦荒地的运动。在这种战略思想的引导下，郑成功很快就改变了台湾的面貌，不仅解决了军队的粮食问题，还使得当地的人民能够安居乐业。不仅如此，郑成功还将先进的技术和教育等都引进了台湾。然而，在这个喜人的形势下，他却不幸病逝了。他的光辉业绩永远为世人牢记。

寓兵于农，开垦荒地广积粮

郑成功收复台湾不仅让原来的汉民和少数民族的人恢复了自由，改变了被压迫的命运，同时也使这里的人们看到了希望。

然而，当人们都还沉浸在喜悦当中的时候，郑成功却是喜忧参半。喜的是他收复了台湾，有了一块的新的根据地用来抗击清廷；忧的是这里刚刚经历过战乱，生产力受到极大破坏，并且这里的人民由于长期受到迫害，生产力非常落后，很多人甚至是食不果腹。自己的军队也需要供给，虽然荷兰殖民者留下了一些军用和民用物资，但是都不能解决长远的问题。在这样严峻的形势下，郑成功为了让庞大的军队自力更生，于是就下令军队开发荒地僻野，并且还要能在特别时期维持最高战斗力，以便随时能够出征，因此，分遣诸将至各地屯垦。

顺治十八年（1661年），郑成功改普罗文舍堡为承天府（今台南市），下设天兴（今嘉义）、万年（今凤山）两县，并任命官吏，清查田园人口，规定赋税。为了纪念他的家乡，使将士们不忘大陆，郑成功将赤崁城改名为安平镇，于澎湖设安抚司。从此，台湾有了行政机构。此外，郑成功还在普罗文舍堡外原来的商业区设立四坊，管理商业，安定市场。之后，郑成功迅速地展开经济建设，掀起了开发台湾的高潮，迅速而有力地推动了台湾的前进，做出了前人所未及的业绩。

　　经历了这次的攻台之战后，郑成功认为要解决郑军长期存在的粮食问题，促进台湾的繁荣，就必须从农业生产抓起。荷兰人投降后的第三天，郑成功带着何斌及官兵千余人，准备了10天口粮，到各地进行调查研究。他从新港以至半线等处出发，直到高山族同胞聚居的地点，进行了深入的访问。他要研究台湾的农业状况及自然状况，并安抚台湾的人民。

厦门郑成功演武场遗址

各地人民对郑成功的到来感到非常高兴，表示拥护郑成功。过去高山族的农业生产是落后的。郑成功使散居在台湾西南平原的各社高山族同胞，学习和运用汉族的先进农业技术，使农业生产向前发展得很快。以前高山族同胞不知道使用犁耙、耕牛，也不会使用镰刀收割。稻禾成熟时，他们一穗一穗地拔。郑成功接受杨英建议，每社派去汉族农民一人，发给铁犁耙锄各一副，熟牛（耕过田的牛）一头，让汉族农民教给高山族同胞使用工具的技术。高山族同胞亲眼看到先进耕作技术的好处，都高兴地效仿，从而提高了生产力。

　　郑成功到蚊港附近的高山族各村社巡视，顺便踏勘了土地。从蚊港回来的第二天，郑成功就把提镇、参将以上的官员召到中军帐议事。

在这次会议上提出了从根本上解决粮食问题的"寓兵于农"的发展战略。其实，早在围困赤崁城时，郑成功就曾分出一部分军队进行农业生产，以解决军需粮食。此时，郑成功更是注重农业的生产。他认为加强汉族、高山族的团结，寓兵于农，大力发展农业生产，是当时开发台湾、建设台湾的中心环节。

说到这个"寓兵于农"养兵战略，其实，并不是郑成功首创的。早在秦始皇以前的时候，很多的诸侯国就是兵民不分。人们在有战争时当士兵去征战，无战争时在家耕田。秦始皇时，废除井田制，兵民开始分开。民，专门从事生产；兵，专管打仗。后来汉、唐、宋、元朝，屡年征战，军需要求很大，粮食问题没法解决。因此，善为将者，不得不组织军队自己生产。如诸葛亮在斜谷，司马懿在淮南，姜维在汉中，杜预在襄阳，都是处于两军对峙的时候，因为运转军需粮秣很困难，以致士兵饿肚子，所以都组织了军队屯田生产，这就是"寓兵于民"。元朝的分地立法，明太祖朱元璋设卫安军，都是处于天下太平时，军队里以十之六七的人力从事农业生产，而剩下的人力从事作战、警戒、战备执勤。

议事时，有一位户部官员站起来说："我们存粮有限，当及早计议。"

郑成功接着说："凡是治国治家，都要以粮为先。如果家里没有吃的，虽然亲如父子夫妻，也不能和睦相处；如果国家没有存粮，虽然有能干的文臣武将，也不能治理好国家。昨天我亲自踏勘了这里的土地，真是肥田沃土呀！我以为应当实行'寓兵于农'的古法。这样，军粮不致匮乏，兵多粮足，然后才可以静观时变，再作进取。"

将军黄安听了，站起来说："开疆辟土，建立万世不拔的基业，

屯垦宝岛功千秋 赢得生前身后名

我等当唯命是从。但是寓兵于农是什么法则，还要请延平王明示。"

郑成功于是说明寓兵于农之法其实古已有之，并说明施行办法，他说："今台湾乃开创之地，虽僻处海滨，安敢忘战？暂尔散兵，留勇卫、侍卫二旅，以守安平镇、承天二处，其余诸镇，按镇分地，按地开垦，日以什一者瞭望，相连接应，轮流迭更，是无闲丁，亦无逸民。插竹为社，斩茅为屋，围生牛教之以犁，使野无旷土，而军有余粮。寓兵于农，实万世良法，自当凛遵而行。"

在台湾当时的情况下，郑成功提出"寓兵于民"的战略，无疑是有长远战略眼光的。诸将领也知道这个战略对台湾、对军队的重要性，于是都纷纷响应。

在召令下达之后，各镇闻风而动，分赴南北各路，建立起屯田据点。后来，又有征台大军1万多人到达台湾，郑成功仍然命令他们当中的大部分人屯田种地。

他以营镇的主将为屯垦的首领，统领士兵前往各指定的地区开垦，其中以当时的盐水港地方最为密集，凤山地方次之，台南地方则大都属已开垦地区，数量反而较少。在这种以军队为主的屯田制度下，形成了所谓的"营盘田"，因为是在屯田地设置营镇，所以在形成聚落后，就会以该营镇为地名，为该地区留下带有"营""镇""劲""协""冲"（昌）等字尾的地名，如台南县的新营、柳营、下营、左镇，以及高雄市的前镇、后劲、左营、右昌（冲)，高雄县的燕巢即为援剿镇，都是军事屯垦所留下来的名称。军兵屯田的地方都是一些没有人烟的荒丘野岭，长着一人多高的荆棘和野草，不论是白天还是晚上，都难得看到行人，常有豺狼野鹿出没。将士们每到了一个地方，都要选择靠近水源的地方，盖起茅屋，开垦荒地。那时随郑成功大军到台湾的名士卢若腾写了一首《东海屯卒歌》，讲述屯田官兵的艰辛劳动。这首诗歌写道："海东野牛未驯习，三人驱之二人牵。驱之不前牵不直，偾辕破犁跳如织。使我一锄翻一土，一尺两尺已乏力。哪知草根数尺深，终日挥锄不得息。"将士们并肩奋战，清除荆棘，铲除野草，历尽艰辛，开了许多荒地，建了许多屯田据点。这些据点，有许多后来成了人烟稠密的村落。

当时，有一个非常出名的地方叫六斗门。在六斗门有一处叫林圮埔的地方，当年由一名叫林圮的军官带着一些士兵来这里屯田。他们每天生活很苦，可是林圮一点也不动摇。后来，林圮就死在那里了。后人为了纪念他为开发这片土地做出的贡献，便把那个地方称作林圮埔。到了清朝末年，那里已经发展成有几万人口的大地方了，生活在那里的林氏子孙，继承了先辈的遗风，都有坚韧不拔的精神。后来，那里建立了县城，叫云林县。嘉义县有一处地方叫林凤营，也是一名叫林凤的将领率领士兵屯田的地方。后来，林凤当先锋官，在和荷兰人作战时牺牲了。距离林凤营十里有新营，新营北面有旧营，东边有五里营，西边有查田营……这些地方都是郑军屯田旧地，直到现在，人们还沿袭那时候的名称。

郑成功除了让士兵集体屯田之外，还鼓励自己的亲属和文臣武将召佃开荒。发布屯田令之后，他宣布了这样一道命令：东都明京，开国立家，建立万世不拔基业。尔等文武官员及各镇大小将领，务必修造田宅，遗留子孙后代。今尔等应当以自己能力经营，不准侵占百姓产业。兹将条款开列，咸使遵守，如有违犯，按法究治。随后，郑成功还罗列了8条具体条款，8条垦殖条款中，郑成功提出："文武各官圈地之处，所有山林陂池，具图来献。本藩薄定赋税，便属其人掌管，须自照管爱惜，不可斧斤不时，竭泽而渔，庶后来永享无疆之利。"强调为了年年丰收，永享幸福，必须注意保护好原有的水渠、池塘，并支持和鼓励兴修新的水利设施。同时他还明确规定了不准侵扰高山族部落和汉族百姓的产业，保护山林条款。郑成功规定，郑氏亲属、文武官员开垦荒地，要先到他那里报明地点、亩数，才许开垦。百姓必须先禀报承天府。如有先垦后报及报少垦多者，查出后都将土地没收，从重治罪。郑成功的这些重大的举措，不但调动了官员们的积极性，使他们都乐于开发土地，而且保护了台湾百姓的利益，维护了社会的安定。

虽然郑成功在台湾实施的"寓兵于农"的战略备受推崇，不过由于初来台湾的人多水土不服，病者十之七八，死者众多，加上郑成功用法严峻，果于诛杀，并且厦门是他们的抗清阵地，所以很多将领及其家眷都不愿意搬迁。面对这样的情况，郑成功叹息道："吾欲留此数茎发，累及桑梓人民！且以数千里膏腴鱼盐之地、百万亿众生灵，一旦委而弃之，将以为得计乎？殃民而已！……今当驰令各处，收沿海之残民，移我东土，开辟草莱，相助耕种，养精蓄锐。"当时，由于郑成功带来3万多的将士和眷属，加上迁海令，人口因之大量流入台湾，大约有12万人之多。但是，此时入台者多是男子，妇女极少。

郑成功在台湾大力发展农业生产，取得了很大的成效，使台湾逐渐成为一个著名的产粮宝地。随着时间的推移，将领们逐渐明白，郑成功的"寓兵于农"的战略，不只解决了郑军粮食不足的问题，由于开垦了不少荒地，也直接地开发了台湾，并因军队分屯各地，耳目灵便，不但可以就近维持地方的治安，对于台湾农业的发展也有助益。最重要的是，这个政策使得跟随郑成功来台湾的军士在台湾生根，滋长了他们在台湾定居的意念。这对于郑成功的抗清大计和以后郑氏集团的发展和壮大都有着极其深远的意义和影响。

百废待兴，建立台湾郑氏政权

郑成功经过和荷兰殖民者的多次较量，终于收复了台湾，并且开始在台湾开垦荒地，囤积粮食，改变台湾被荷兰殖民者统治时期的面貌。台湾迎来了一个崭新的时期，可谓百废待兴。

随后郑成功又开始将厦门的人民迁往台湾，并且还收留了很多的流民和难民，这样一来，台湾的人口急剧增加。虽然这能够解决劳力问题，但是也面临新的问题。因为这些人到了台湾，台湾的各个方面都要完善起来，如经济、教育等，只有这样，才能够使人民更加的安定，也只有这样才能加快台湾的全面发展。

于是，郑成功在实行"寓兵于农"战略的同时，也开始着手台湾的全面建设。首先郑成功将东南沿海的难民迁移到台湾，让他们与台湾军民一同生活劳作，并且让他们安居乐业。郑成功决定要将流离失所的人带到台湾来，帮他们盖房子，让他们开垦荒地自谋生路。通过在大陆的郑军的帮助，一批批难民来到了台湾。在郑成功的领导和推动下，军垦与农垦不断发展，开垦面积不断扩大，米粮的生产迅速增加。

不仅如此，郑成功还注重生产技术和生产力的提高。到了台湾后不久，郑成功就引入了冶铁技术，促进了农业生产和各种手工业的发展。几千年来无人惊动的原始森林被合理地利用，造船业开始兴盛起来。晒盐方法传入台湾，为台湾后来成为中国最大的产盐区之一奠定了基础。甘蔗制糖业日后在国际市场上也独占鳌头。

此时，郑成功也没有忘记自己的老本行，那就是海上贸易。长期以来，海上贸易的收入是郑军军饷的重要来源。除了粮米外，杉椇、桐油、硝黄、湖丝、绫等物以从大陆买入为主。所以郑成功非常重视海内外贸易。在发展海内外贸易方面，郑成功家族不仅有经验而且有基础。郑氏家族长期经商，不仅与大陆许多商埠有着密切的联系，而且海外贸易也很活络，这就保证了郑成功贸易兴岛战略的顺利进行。

郑成功不仅自己从事海上贸易，还鼓励官兵经营商业。当时与日本贸易受西方殖民者的干扰较少，获利却很大，郑成功对此非常重视。他对居住在台湾的日本商人以礼相待，尽量照顾他们的利益，发展与日本的贸易，保持友好往来。台湾还与吕宋（今菲律宾）人民进行贸易。通过多种途径的海内外贸易，郑成功打破了清政府"平海五策"的封锁，反而获得了更大的利润。因为在大陆没有竞争者的存在，使台湾成为寡头商，独享其利。

郑成功的军队收复台湾并逐步安顿下来后，他知道要想更好地管理军队和治理台湾，就要建立自己的政权。于是，郑军在台湾登陆后的一个月，郑成功召集文武百官开会，宣布在台湾正式设治，建立政权。

他改赤嵌地方 (包括赤嵌城堡、赤嵌街、台湾城堡、台湾街) 为东都明京，设承天府。这里的东都，是相对明王朝的南都金陵、北都北京来说的；承天就是与明太祖朱元璋早年改元朝的集庆 (今南京) 为应天相承袭。承天府，下置天兴、万年两县。天兴县，管北路；万年县，管南路。随后，郑成功任命杨朝栋为承天府尹 (长官)，庄文烈为天兴县知县，祝敬为万年县知县。与此同时，又将台湾城堡连同附郭街市改为安平镇。安平，是福建泉州的一个港口，郑芝龙发迹之地，今置安平镇，有郑成功承袭其父功业的意思。

巨型木雕《郑成功收复台湾》

政权初步建立后没过多久，他又在五月十八日的令谕中称："东都明京，开国立家，可为万世不拔基业。"郑成功这些政权设置及其名称，让人们不难看出他显然是不忘大明王朝，不忘祖国大陆，不忘其祖业。并且以其叔父郑芝莞的长子郑省英为承天府府尹，并令左冲镇黄安监守安平镇，武卫右镇周全斌总督承天府南、北诸路。郑省英为人严谨，努力辟草莽、兴屯聚，犯法者虽亲故不假故深得郑成功赏识。郑成功同时以热兰遮城内城为内府，并另辟一门，以春秋郑国"吉失门"名之，因为，郑武王不以地小，而且还礼贤下士、整军经武，敢跟诸侯争雄，以此譬喻台湾土地虽小，也有恢宏之志。

由于在台湾的军队都是和自己出生入死多年的部下，所以，郑成功知道要想让政权牢固，就必须制法律，定职官，起池馆，不仅如此，郑成功还想以此等待明朝宗室遗老来归附。郑成功的这些举措将明朝的法律和制度等都慢慢地引入了台湾，使得和他一起前来的明朝的将领和百姓们都能够更好地适应，而不会有更多的思乡之情。当时，当张煌言得知郑成功在台湾建立政权后，心中产生了很多的疑问，后来就写诗表达自己的看法：

> 炎州东望伏波船，海燕衔来五色笺。
>
> 闻有象耘芝术地，愁无雁渡荻芦天。
>
> 抽簪身自遗臣幸？弃杖谁应夸父怜！
>
> 只恐幼安肥遯老，蓑床皂帽亦徒然！
>
> 杞忧天坠属谁支，九鼎如何系一丝？
>
> 鳌柱断来新气象，蜃楼留得汉威仪。
>
> 故人尚感寒裳梦，老马难忘伏枥时。
>
> 寄语避秦岛上客，衣冠黄绮总堪疑！

从这首诗中，不难看出，当时的张煌言对郑成功的迁台并在台湾建立政权的做法是非常反对的。郑成功建立的政权，虽然体制不大，但是管制很全，这就有些藩国的意思。而当时郑成功却是明朝延平郡王。所以，后来台湾人尊称他为"开山王"，并非没有道理。

尽管有人反对郑成功的做法，但是也有很多人支持他的做法。当时的大儒黄宗羲就说："郑氏不出台湾，徒经营自为立国之计，张司马做诗诮之，即有贤郑氏者，亦不过跻之田横、徐市之间，某不以为然！自缅甸蒙尘以后，中原之统绝矣。而郑氏以一旅存故国衣冠，于海岛称其正朔，在昔有之。周厉王失国，宣王未立，召公、周公二相行政，号曰共和，共和十四年，上不系于厉王，下不系于宣王，后之君子，未尝谓周之统绝也。以此为例，正是不可谓徒然!"

郑成功爱兵如子，但对贪官则痛心疾首。他对一些贪污腐败分子，不管他们原来功劳多大，概不迁就，一律严惩。宣毅左镇吴豪，在郑成功召集诸将讨论东征台湾时，他每次都极力反对郑成功的战略决策。郑军登陆台湾后，刚刚取得初步胜利，军民正忙着准备与敌展开决战之时，吴豪又犯下"搜掠台湾百姓银两，盗匿粟石"之罪。虎卫右镇陈蟒也有贪污行为，犯纪违法。

郑成功经过调查确认属实，便召集文武官员讨论，继而召开宣判大会，判处吴豪死刑，并撤职查办了陈蟒。杨朝栋是继甘辉之后，郑成功比较宠信的将领之一。他有勇有谋，文武双全，因此郑成功才让他当上了第一任承天府府尹，主持台湾政事。但是，他知法犯法，伙同知县祝敬和斗给 (粮秣官) 徇私舞弊，克扣军粮；还私自征调军民，大兴土木，营造宫邸，以满足其个人享受。郑成功知道后，十分气愤，马上派人调查了解。经查属实，杨朝栋、祝敬二人罪证确凿，将他们二人判处死刑。

马信是杨朝栋的挚友，他为杨朝栋干出这类丑事而惋惜，但又看在其立过大功的分上，还是硬着头皮出面为他求情。马信说："延平王，杨朝栋是有功之臣，如今又担任承天府尹这样的重任，是您不可缺少的好帮手。再说，台湾为新辟荒土，官兵缺少粮食，疾病流行，杨朝栋在放粮时动点小的手脚，也可说是身不由己的做法。望延平王给我马信一点面子，对他宽大处理吧!"

郑成功十分严厉地说："处决杨朝栋，我也于心不忍。但法出必行，违法必究。如执法不严，于国于民何益?古时子产治政，孔明治

郑成功

蜀，皆以严法为明鉴。我们逐荷夷、辟草莱，不以严法治杨朝栋之罪，怎能让军民口服心服。我决心已下，泰山难移，你不必再为他多费口舌。"马信一看，毫无挽回余地，也就不好再多言语。最后，还是判处杨朝栋死刑，祝敬坐牢，陈伍撤职。

郑成功严惩贪污，以重刑处罚犯罪，提倡廉洁奉公，遵纪守法，对将士是很大的震动，对老百姓是深刻的教育，因而得到广大汉族百姓和高山族同胞的衷心拥护。

在台湾的局面有所好转，并且人民能够安居乐业之后，郑成功开始重视教育了。刚开始的时候，他委托陈永华辅佐儿子郑经办好这些事业。后来，在经历了一些变故之后，陈永华依然秉承郑氏父子的意愿，除大力抓农业、贸易、煮盐等经济建设外，还建立孔庙，设立科举，兴办学校，大力发展社会教育事业。孔庙落成，旁设"明伦堂"，将祖国几千年的传统文化传播到台湾；同时又广辟学校，聘请大陆过去的有文化的人做老师，收授学生。据《台湾外记》中记载，当时规定："两州三年两试，照科岁例开试。儒童州试有名送府，府试有名送院，院试进取，充入太学。准仍按月课，三年取中试者，补之官内都事擢用升转。"

郑成功特别重视台湾高山族同胞的文化教育，提出在高山族同胞各乡社也遍设学校，请汉族有知识的人去教学。8岁可入学，"课以经史文章"。又规定，高山族子弟入校读书的，可免其徭役，以鼓励他们读书学文化。后来，当郑成功建立了完善的政权体系之后，鉴于陈永华的重大贡献，就任命他为学院的教育长、太学的院长，叶亨为国子监助教（相当于太学的副院长）。随后，大陆的科举、考试制度也带到台湾。在郑成功的不懈努力和坚持下，到了他的儿子郑经的时候，也是非常重视教育，终于，在两代人的努力下，彻底改变了台湾以往的蒙昧和落后的状态，使得台湾人民开始接受中国的传统文化，消除了以往的殖民文化的影响，让台湾的教育事业有了一个新的气象。

郑成功非常重视人才的选拔与应用。自古以来，开明的领导者都任人唯贤。而郑成功正是这样的一个人，郑成功非常重视有才学的人。对于各方面的人才，郑成功都加以充分应用。由于郑成功重视人才的选拔和运用，这种态度得到了其子郑经的继承，在郑军占据台湾的20年间，使"台湾日盛，田畴市肆，不让内地"。郑成功全面建设台湾的行动，显示了郑成功不仅是一位杰出的军事家，也是一位卓越的政治家。

一个好的领导者，不仅要能够带兵打仗，还要能够治理一方。虽然台湾只是一个小岛，但是，要想管理和治理好也不是一件容易的事情。在经过一段时间的发展之后，台湾已经面目一新。垦田屯粮都有很好的成效。于是，为了更好地分配和管理这些财产，郑成功在台湾还建立了一套有特色的赋税制度。郑成功把台湾的土地分为三类，一类是军队的屯田，称为"营盘"，自耕自给。一类是召佃开垦的荒地，称为"私田"。"私田"由佃主收取地租，向政府缴纳田税。另一类是荷兰人的"王田"，他把这些土地收归国有，称为官田。原来耕种的人称为"官佃"，按荷兰人的旧规收取地租。这套赋税制度有效地保证了郑氏政权的正常收入，也是郑氏集团逐渐富强的根本保证。后来，由于清廷的不断征剿使得郑成功在厦门和金门的抗清基地被严重破坏。经过深思熟虑之后，郑成功决定放弃了金门、厦门两个海岛，全军迁到了台湾，先后跟随他们到台湾的沿海居民有10多万人，尽管如此，台湾很少发生过缺粮问题。这在当时看来，已经是一个非常大的成就了，也足见郑成功在台湾的成功治理。

自此，郑成功在台湾正式建立了自己的政权，并且在后来很短的时间里将台湾治理得井井有条，很快就让人民安居乐业。郑成功的这些功绩赢得了台湾人民的衷心拥护和敬仰。

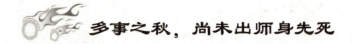
多事之秋，尚未出师身先死

郑成功一生都在为抗击清军做斗争，然而，此时的明朝已经灭亡，复明大计更是希望渺茫，这个时候，对于郑成功来说真的是多事之秋。好不容易经过一番努力收复了台湾，形势刚刚有所好转，但是不幸的消息一个接一个地传来，这些让饱经沧桑的郑成功更加显得悲愤和痛心。这正如古人所说的福无双至，祸不单行。

郑成功南京之战失败后退居厦门，虽然此时的清廷又多次派兵征剿，但是对郑成功无计可施。后来郑成功收复台湾后，清廷更是没有办法再剿灭郑成功了。这个时候，清廷已经感觉到郑芝龙已经没有利用价值了，就开始实施当初的平海五策中的后几策了。顺治十八年(1661 年)，清廷采用之前黄梧叛郑投清时的建议中的"三、其父芝龙羁

郑成功祠

縻在京，成功赂商贾，南北兴贩，时通消息，宜速究此辈，严加惩治，货物入官，则交通可绝矣；四、成功祖坟现在各处，叛臣贼子诛及九族，况其祖乎？悉一概迁毁，暴露殄灭，俾其命脉断，则种类不待诛而自灭也……"清廷下令让兵部尚书苏纳海于八月时到福建，令黄梧毁郑氏祖坟，黄梧偕施琅会同提督马得功、总兵苏明赴晋江县的大觉山、南安县的覆船山、橄榄山、金抗山，铲毁郑芝龙父祖和先世的坟墓五座，挖起来之后，即将大杉木锯开两边，中凿孔相连，将各尸合在内，用铁箍箍上，外加封皮，沿途递解，逢郡县收狱。十月初三，年前被家人尹大器出卖流徙尚阳堡的郑芝龙，因为跟四辅苏克萨有过节，就被以跟郑成功有书信往来，阴谋不轨的理由，在柴市被斩首，他在北京的子孙、家眷 11 人，全部被杀。

康熙元年 (1662 年) 正月的时候，郑成功正在和诸将商量治理的台湾的一些事宜，此时，有一人前来告诉了郑成功这些消息。郑成功听到这些消息后，感觉就像是晴天霹雳。郑成功久久没有缓过来，嘴里只是说："不可能，不可能……"半夜他一个人坐在那里精神恍惚，顿足辟踊，望北而哭，说："若听儿言，何至杀身；然得以苟延至今日者，亦不幸之幸也!"乃令文武官员各挂孝，及知毁墓，更向西咬牙切齿地骂说："生者有怨，死者何仇? 敢如此结不共戴! 倘一日治兵而西，吾不寸磔汝尸，枉做人间大丈夫!"后来郑成功虽然严谕搬眷，但是，留守的户官郑泰、兵官忠振伯洪旭、前提督黄廷等皆不欲行，据厦门、金门抗令，不发一船到台湾，岛上信息完全隔绝。

这个时候对郑成功来说，真的是诸事不顺。他下令后过了多日，依然没有消息。后来得知金、厦诸将抗命，郑成功大为震怒，于是解佩剑予董昱、洪有鼎，命再至厦门，谕武卫右镇周全斌监杀。这时，参军蔡鸣雷因为在台湾有过失，怕被郑成功处分，所以告假回厦门搬眷，谎称郑成功欲杀诸将十余人，说："延平王势必尽诛，否则罪及监斩者，已密谕南澳周全斌将兵来，此武力对付矣。"洪旭等更加害怕，人人自危；接着听说郑成功有病，认为他一定是病糊涂了，乃相与计议，说："此乱命也，岂可妄从? 然，世子，子也，不可以拒父；诸将，臣也，不可以拒君；泰于延平王为兄弟行，拒之可也。"洪旭等于是调援剿右镇林顺守大担岛，并诱周全斌回厦门，即执而拘之，不肯搬眷到台湾，然后联名上启。郑成功看到"报恩有日，侯阙无期"这话，知道金门、厦门诸将抗命，仰天长叹，病情遂更加恶化。其实，早在元旦的时候，郑成功就曾因为偶感风寒一直卧床不起。

一波未平一波又起，之前的几件事已经让郑成功内心极度激愤。但是，几个月后，又从家中传来一个让他感到非常痛心的消息。原来，郑成功的长子郑经和他弟弟的乳母陈氏昭娘私通，于三月时生下一子，郑经谎称是他的侍妾所生。郑成功信以为真，心中非常高兴，并且大

加赏赐，给他的夫人董氏金六锭、花红六疋，郑经金四锭、花红四疋，陈氏昭娘金二锭、花红二疋，给孙子的赏赐也是如此。其实，郑经和陈氏昭娘私通的事情早在三年前就已东窗事发，当时郑成功下令将陈氏昭娘投海，但郑经偷偷将她藏了起来，也没人敢去告诉郑成功。之后，陈氏昭娘更加嚣张，经常和郑经的夫人唐氏吵架。郑经的夫人是前尚书唐显悦的孙女，为了替孙女出一口气，唐显悦写了一封信给郑成功，并在信中大骂郑经，当然，也把郑成功给骂进去了，说："三父八母，乳母亦居其一。令郎狎而生子，不闻饬责，反而赏赐。此治家不正，安治国乎？"

郑成功得知事情真相之后，非常生气，他大怒说："我欲成大事，乃不能治家，遑问天下。"于是他就派人去杀郑经以及他的夫人董氏。黄廷等闻令，吓了一大跳，说："主母、小主其可杀乎？"不肯奉令箭。诸将经过商量之后，于是决定只杀陈氏昭娘母子复命，并为郑经和董夫人求情。

这个时候，郑成功真的是内忧外患。

然而，经过这几次重大的打击之后，郑成功显得越来越憔悴。本来只是偶感风寒，但是一直没有好转，并且有加重的迹象。自此郑成功一病不起，文武官员来问疾，他都辞而不见，自己一人昏昏沉沉地睡在床上。桌上烛花长了寸余，伺候的人都在旁边瞌睡，远远的正敲三鼓，心中忐忑不定，只得咳嗽了一声，伺候的人惊醒，忙走到帐前张看。

这个时候，郑成功让仆人请陈永华进内房。不一会儿，只见陈永华慌慌张张走了进来，一见郑成功面便问："延平王何事呼唤？"郑成功说："陈先生，你且请坐下，小弟有事相告。"陈永华这才放心坐下。

停了一歇，郑成功才开口说："先生，我父亲被清人所杀，这都

屯垦宝岛功千秋　赢得生前身后名

是他们自作自受的，但只气不过清人而已。"郑成功歇了歇接着说：
"清人奸诈，当初劝诱我父亲时，高官厚禄，封伯封侯，虽是小弟和他
如何争战，他总不敢奈何我，所怕的人是我。到得小弟那年江南失利
退回之后，他便无所忌惮，把父亲削爵治罪，徙往宁古塔。先生只想，
若照逆父办起来，罪何止此？"

陈永华劝说："清人诚不好，但延平王此刻有病在身，且养着点
吧。"郑成功点头，命人扶起，慢慢地扶到寝室中睡下，陈永华自己辞
出。郑成功睡了一会儿，忽然又感觉心中很难受，于是，又忙叫人去
请陈永华来，文武各大臣听了，也都忙来问疾。郑成功勉强着一一致
谢，然后向陈永华说："看如今这个样子。我的结果只怕就在早晨
了。"

听到这样的话，陈永华感到十分惊慌，遂宽慰说："延平王小疾，
几日便可好，怎么忽出此不祥之言。"

郑成功摇头说："生死数也，数因果也。既有原因，自不免结出
这果，生又何欢，死又何惧？"说着，命从人把自己常用的一副衣甲取
来。从人不敢违命，只得去取了来。郑成功觉得身上好了一点，命人
扶下床来。

陈永华说："延平王有疾在身，却要穿衣甲干什么？"郑成功摇了
摇头，命人伺候着穿了起来，头戴一顶紫金盔双龙斗宝金抹额，身穿
一领连环锁子黄金细叶鱼鳞甲，腰系着两片黄金细叶鱼鳞纹战裙，脚
登护腿薄底战靴，走出外面，众人忙跟着伺候。郑成功叫人把常用的
一支枪抬来，众人答应着，看着陈永华，陈永华不语，众人忙去取了
来。郑成功接在手中，觉得有点沉重，便也不管，提着精神把枪呼呼
地舞了一回，把枪传给下人，向陈永华说："究竟不能了。"

陈永华也说："阁下有恙，哪能如平常呢?"郑成功点头，又命人去把自己的一匹黄骠马带来，看了一遍，叹说："别离不远，后会有期，好自去吧。"那马也似解人意，长嘶了两声。郑成功叫人带了下去，自己回来，脱去了盔甲，戴上郡王冠，身穿九龙戏水蟒袍，足登粉底乌靴，向堂前坐下。

成功忽提起笔，写下两行字，陈永华看时，是自挽一对联：独去独来，看粒种传遗，众生独立；主征主战，问貌躬何事? 还我主权。

随后，郑成功更加感到身体不支，于是又坐到床上，并且命左右进酒，冠带读《太祖祖训》，每读一帙就喝一杯，至第三帙，都督洪秉诚调药以进，郑成功投之于地，长叹说："自国家飘零以来，枕戈泣血十有七年，进退无据，罪案日增；今又屏迹遐荒；遽捐人世，忠孝两亏，死不瞑目，天乎! 天乎! 何使孤臣至于此极!"读完这些，忽然长叹了一声，溘然长逝了。此时，郑成功年仅 39 岁。

虽然郑成功在台湾只停驻了 14 个月，而且在这短暂的时间内，大半年是处于战争状态，但他还是抓紧时间采取许多举措，废除殖民制度，肃清荷兰残余势力，清除殖民政治、经济、文化等痕迹，产生了明显的效果，对后来继承者也有深远的影响。

郑成功死后，葬在台湾县武定里洲仔尾，就是现在的台南县永康市盐行里，十月，郑经才到台湾，立"延平郡王墓志"，第二年在赤蚨街的禾寮街南建郑氏家庙，祀奉郑成功和历代祖先。

> 拟将威斗却居延，捧罢珠盘事渺然!
>
> 龙斗几人开贝阙，鹤归何处问芝田!
>
> 引弓候月争相贺，挂剑寒云转自怜。
>
> 想到赤符重耀日，九原还起听钧天。
>
> ——张煌言 (感怀兼悼延平王)

附录

郑成功生平大事年表

郑成功生平大事年表

1624 年　郑成功出生在日本平户河内浦千里滨。

1625 年　荷兰人占大员。

1626 年　西班牙人占难龙。

1628 年　郑成功的父亲郑芝龙降清。

1630 年　郑成功七岁，回到中国。

1636 年　大员以北十五社、以南十三社代表向荷兰东印度公司宣誓效忠。

1641 年　西班牙人退出台湾。

1644 年　李自成攻陷北京，明朝灭亡，清军随后入关。

1645 年　隆武皇帝赐郑成功国姓朱，名成功。郑成功举旗抗清。

1650 年　郑成功取厦门作为抗清根据地。

1651 年　郑成功取金门为根据地。

1655 年　郑成功被册封为延平郡王。郑成功对西班牙人实施禁军。

1656 年　荷兰人夺西班牙人在东方和非洲的殖民地势力。郑成功对台湾实施禁军。

1657 年　郑成功和台湾协定。

1659 年　郑成功北伐失败。

1661 年　郑成功征台，以台湾为东都，赤嵌为承天府，置开兴、万年县。

1662 年　郑成功收复台湾，同年去世，年 39 岁。